부자33훈

대한민국 1%
슈퍼리치들의 인생철학

부자 33훈

한동철 지음

21세기북스

들어가는 글

대한민국 1% 슈퍼리치들의
인생철학을 엿보다

이 땅에 사는 온 국민의 절반이 스스로 하류 인생이라고 생각하고 있다.

설문 조사에 따르면 '내가 가난해진 것은 사회의 탓'이라는 사회구조설을 신봉하는 사람들도 전 국민의 절반 이상이라고 한다. 신자유주의 경제 시스템의 무한 경쟁이 사회적 이질감을 양산하면서 로켓보다도 빠르게 양극화로 몰고 가 우리를 끊임없이 빈곤으로 몰아넣는다는 것이다.

모두 어느 정도 맞는 말이다. 매 끼니를 돈에 구애받지 않고 취향대로 선택할 수 있는 거부와, 이들이 남긴 음식을 다 버리라는 방침에 이를 먹지도 못하고 할 수 없이 다른 것으로 배를 채우는 음식점 알바생의 처지는 천지 차이다. 열 살이 넘어서부터 외국 유학을 다닌 부잣집의 자녀에 비해, 벌이가 그렇게 넉넉하지 못해 학원도 제대로 못 다녀 좋은 스펙을 쌓지 못했기에 부자가 되지 못한다는 것도 일리가 있다. 부자 감세와 부자들에게 제공한 온갖 특혜들 때문에 우리가 부자가 될 가능성이 과거의 10% 정도에서 현재는 1% 아래로 떨어졌다는 것도 수긍이 간다. 그러나 가난해도 '명품 인생'을 살 수 있다. 외부에 대한 기대치를 낮추고 자신이 좋아하는 일에 집중하면 된다.

우리는 꿈을 버리기에는 아직은 젊다. 지금 부자든 아니든 간에 '나의 인생을 내 나름대로 멋있게 살면 그것으로 행복하다'는 생각은 21세기의 훌륭한 가치관이 될 수 있다. 이런 가치관에서 명품 인생이 탄생하는 것이다. 이를 위해서는 다음과 같은 점들을 염두에 두어야 한다.

첫째, 부자에 대한 절대적인 개념을 가져야 한다. '봉사부자상'을 받은 수상자들 중 '내가 부자다'라고 표현한 사람은 아무도 없었다. 부자에 대해 상대적인 개념을 갖고 있기 때문이다. 2012년을 기준으로 약 80조 원에 달하는 재산을 가져 세계 최고 갑부로 알려진 멕시코의 슬림Slim 회장 한 사람만 '지구상의 유일한 부자'라고 한다면 잘못된 것이다. 이 같은 상대적 부자 개념이 아닌 절대적 부자 개념으로 '내가 하고 싶은 일을 하면서, 물질적으로 그 일을 할 정도의 여력이 있고, 그 일을 통해서 사회적으로 인정받으면 부자'라고 스스로 자부심을 가져라.

미국에서 연 소득 10만 달러 정도면 '부자로서의 행복'을 최대한 만끽할 수 있다고 한다. 소득이 더 많아진다고 해서 행복 지수도 덩달아 높아지지는 않는다. 같이 모여 살면 집 문제가 해결될 수 있고, 자녀를 사이버 대학에 진학시키면 비싼 등록금 문제에서 벗어날 수 있다. 또한 부부가 맞벌이를 하면 보다 여유롭게 생활할 수 있다.

둘째, 남의 아이디어를 도용하지 말고, 스스로 생각해내라. 세상 사람들 모두가 유용하게 사용할 수 있는 무언가를 만들어내면 당신은 그 무언가의 창시자이자 독점적인 리더가 된다. 그 창조물이 세상에서 인기를 얻으면 세상이 당신을 찾아온다. 유명한 교수가 방문하거나 정부에서 전화가 오기도 하고, 평소에 아니꼽게 굴던 자들도 문자 메시지를 보낸다. 훗날 $16.5m^2$밖에 안 되는 묘에 눕혀질지언정, 묘비에는 당신이 만든 것의 창시자라는 자랑스러운 이름이 새겨진다.

본인이 하는 일에서 명인이 되어라. 무슨 일을 하든지 '나는 대한민국 최고'라는 자부심을 가지면 된다. 5만 개가 넘는 치킨 점포 중에서 우리 닭이 제일 맛있으면 부자고, 내가 국내 최고의 도장 기술자라면, 세상이 알아주는 성우라면 부자인 것이다. 스스로의 업을 존귀하게 여길 줄 알면 부자에게 아쉬울 것이 없다. 그 일을 하면서 숨을 쉬고, 시간을 투자하며 흠뻑 빠져들어라. 시간당 얼마를 받는가는 중요하지 않다. 내가 최고라는 것만 세상이 알아주면 된다. '나는 그래도 가진 것이 좀 부족해' 하는 마음이 들면 커다란 가짜 다이아몬드를 하나 사서 아무에게도 보여 주지 말고 주머니에 넣고 다니며 생각하라. '내 주머니도 충분히 든든해!'

셋째, 국민의 절반가량이 세금을 제대로 내지 않는 현실에서 무기명으로 기부할 수 있다면 명품 인생을 사는 것이다. 오랜만에 고기를 먹으러 가다가 생각을 바꾸어 그 돈을 구세군 자선냄비에 넣고 그냥 라면으로 한 끼를 때운다면 당신의 행동은 노벨상 감이다. 혹시라도 자녀가 음식을 남긴다면 잘 타이르고 가르쳐야 한다. 누군가의 노력으로 만들어진 음식을 남기면 내 아이는 부자가 될 수 없다. 더럽게 돈을 벌고 생색내는 부자보다 당신은 훨씬 더 훌륭한 인생을 사는 것이다.

　이처럼 물질의 구속에서 벗어나 사회를 향해 열린 마음을 가지면 그 사람의 인생은 노숙을 해도 명품이고, 천한 일에 종사해도 명품이다. 명품 인생은 병에 잘 걸리지 않고, 걸려도 쉽게 낫고, 더러운 부자보다 훨씬 더 건강하게 오래 살 수 있다.

　넷째, 너무 많이 받으려고 하지 마라. 스티브 잡스는 스톡옵션으로 세계 최고가 될 수 있었지만 14년 동안 1달러의 연봉을 받으며 애플에 몸담았다. 탐진치貪瞋癡(불교에서 깨달음에 장애가 되는 근본적인 세 가지의 번뇌, 즉 탐욕貪慾, 진에瞋恚, 우치愚癡를 줄인 말)를 벗어나면 물질로부터 자유로워진다. 받아야 할 돈의 80%만 받을 수 있다면 자족하고, 직장이 부도가 날 것 같아 월급이 제대로 들어올 것 같지 않으면 그냥 주는 대로 받아라. 상속세를 줄이려고 당첨된 로또 복권을 매입하는 부자는 욕심쟁이지만 원룸의 월세가 밀린 대학생에게 10만 원을 깎아 주는 부자는 천사다. 수단과 방법을 가리지 않고 이득을 얻으려는 사람은 진정한 부자라고 볼 수 없다.

다섯째, 종교를 꼭 믿어라. 종교는 이 세상에서 깨끗한 부자를 만드는 가장 좋은 방법이다. 공인된 종교라면 어떤 종교를 믿든 상관이 없다. '내가 믿는 종교의 교리에 따라 생활하는 나는 부자다'라고 스스로 믿어라.

이슬람교에서는 부자는 무조건 빈자를 잘 대해야 한다고 가르치고, 힌두교에서는 부자에게 빈자보다 1000배 이상의 돈을 내도록 요구한다. 대한민국에서 저소득층보다 1000배를 내는 부자는 없을 것이다. 하물며 아무것도 남기지 않고 떠나신 법정 스님, 한경직 목사, 김수환 추기경은 명품 인생을 산 정신적 영웅이다. 그분들이 베푼 일을 수많은 사람들이 아직도 기억하고 있으며, 앞으로 수만 년이 흘러도 우리의 후손들은 기억할 것이다.

우리는 물질만 아는 추잡한 부자를 지향하는 것이 아니다. 내가 가지고 있는 것이, 그리고 앞으로 모을 것이 얼마가 되든지 '가능하다면 내가 모을 수 있는 만큼 모아서 나와 내 가족은 그나마 남의 눈치에서 벗어나 자유롭고 행복한 인생을 살기 바라는 작은 소망'을 이루고자 한다. 그래서 내가 아는 부자들의 진짜 삶 중에서 깨끗하면서도 본받을 만한 것들을 간략하게나마 소개하려는 것이다. 우리 주위에 있는데도 미처 몰랐던 바람직한 부자들의 정신과 삶의 궤적을 통해 '영원한 청춘처럼 자기 생활을 만들어 가는 삶의 지혜'를 배울 수 있다. 나는 수많은 부자들을 알고 있지만, 절대 직접적으로 재산 규모를 물어보는 우를 범하지 않는다. 정신의 하수인인 물질의 규모는 그렇게 중요한 것이 아니기 때문이다.

나는 2004년에 '부자학Affluent Studies'을 창안했다. 그 목적은 현재의 부자들을 좀 더 훌륭한 길로 인도하고, 지금 부자가 아니더라도 '언젠가는 나도 부자처럼 살 수 있다'는 확신을 전 국민에게 심어 주고자 한 것이다. 이에 부자학을 만들기 전부터 알고 있었던 지식들과 만든 이후에 새로이 깨칠 수 있었던 것들을 세상에 내놓으려고 한다. 뿐만 아니라 긍정적인 인생관을 가지고 행복하게 살 수 있는 길이 이 세상에는 너무나 많다는 것을 보여 주고자 한다. 그리 많지는 않지만 우리와 같은 세상에 살고 있는 손꼽히는 훌륭한 부자들이 어떤 삶을 살아왔는지 관찰하고 그들과 대화하고 삶의 이야기를 경청하면서 배운 것들을 부자학이라는 거창한 학문의 이름으로 정리한 것이다.

  청년 정신으로 깨끗하게 재산을 만들어 익명으로 세상에 일부 돌려주는 본받을 만한 부자들을 알고 있다. 이들의 일기장에서 조각조각 가져온 것들을 여러분에게 제시하는 것은 대학교수로서 사회를 위해 할 수 있는 최대한의 공헌이라고 굳게 믿는다.

* 이 책은 2012학년도 서울여대 사회과학연구소 교내학술연구비의 지원을 받았다.

차례

들어가는 글 대한민국 1% 슈퍼리치들의 인생철학을 엿보다 ·· 4

1부 진정한 부자는 품격이 다르다

부자01훈 이름을 탐하지 마라 ·· 17
부자02훈 독식이 아닌 공존을 생각하라 ·· 23
부자03훈 나만이 아닌 모두를 위해 소비하라 ·· 26
부자04훈 독한 성공에는 반드시 선행이 뒤따라야 한다 ·· 30
부자05훈 부자의 돈이 아닌 인생철학에 주목하라 ·· 34
부자06훈 남을 믿지 말고 남의 신뢰를 받아라 ·· 42
부자07훈 80%를 달성한 순간 더 큰 목표를 찾아라 ·· 48
부자08훈 부는 권력이다, 올바르게 사용하라 ·· 54

2부 부자처럼 살지 말고 부자처럼 생각하라

부자09훈 벼랑 끝에서 배팅하라 ·· 61
부자10훈 행운에 기대지 마라 ·· 67
부자11훈 부자 멘토를 두어라 ·· 74
부자12훈 가치 추구형 일에만 몰두하라 ·· 79
부자13훈 투자의 기본은 3개의 통장이다 ·· 86
부자14훈 은행에 대한 두려움을 떨쳐라 ·· 90
부자15훈 진실로 진실로 시간은 금이다 ·· 93
부자16훈 간절하다면 CEO에게 직접 자신을 어필하라 ·· 98

3부 부자는 열정과 탐구정신에서 탄생한다

부자17훈 제대로 빚지고 열심히 갚아라 ·· 105
부자18훈 투자 대상의 성격을 제대로 파악하라 ·· 111
부자19훈 집에 대한 개념을 바꿔라 ·· 115
부자20훈 나만의 독점 시장을 개척하라 ·· 119
부자21훈 10개의 소득원을 만들어라 ·· 126
부자22훈 부자들의 모임을 직접 만들어라 ·· 132
부자23훈 기꺼이 실패를 감수하라 ·· 140
부자24훈 치열하게 고민하고 스스로 혁신하라 ·· 148

4부 철학이 있는 부자가 진정한 부자

부자25훈 직장, 내 사업이 아니면 버려라 ·· 159
부자26훈 학력을 높이는 일에 얽매이지 마라 ·· 163
부자27훈 남들이 3년 하는 일을 1년 안에 끝내라 ·· 167
부자28훈 안철수처럼 생각하고, 정주영처럼 행동하라 ·· 174
부자29훈 배우자를 가장 충실한 파트너로 만들어라 ·· 179
부자30훈 남에게 감동을 주는 부자가 되라 ·· 184
부자31훈 돈이 아닌 부자 철학을 물려줘라 ·· 190
부자32훈 아름다운 부자의 조건, 배려와 소통 ·· 198
부자33훈 새로운 날은 다시 찾아온다 ·· 205

나오는 글 책임을 다하는 착한 부자를 희망한다 ·· 209

1부
진정한 부자는 품격이 다르다

부자01훈

이름을 탐하지 마라

본래 부자들에게 자선이란 '자신의 죄를 속죄받기 위한 것'이다. 즉, 부자가 되는 과정에서 범한 자신이 아는 혹은 모르는 모든 죄악을 돈을 주고 속죄하겠다는 것이다. 이를 통해서 부자는 종교적으로 구원받는 동시에 사회적으로 칭송받는다.

이처럼 부자들이 기부하는 목적은 세상을 위한 순수한 의도가 아니라, 부자에 대한 빈자들의 공격을 미리 차단하기 위한 사회 보험의 형태를 띠는 경우가 많다. 설립된 지 100년도 넘은 미국의 카네기 재단도 결국은 후손에 대한 지원책이었음을 보면 쉽게 알 수 있다.

부자가 사회에 재산을 기부하면 이를 빈자들이 받아 궁핍함을 어느 정도 해결할 수 있다. 부자는 그만큼 자신의 죄를 씻어낼 수 있다. 이로써 빈자와 부자 사이에 서로 주고받는 하나의 사회적인 계약 관계가 형성되는 것이다.

대한민국에서 부자들이 많이 사는 지역에는 사회봉사 재단과 장학 재단들이 매우 많다. 이는 자신이 가진 재산의 일부를 사회봉사 재단과 장학 재단에 기부함으로써 사회적으로 좋은 일을 한다는 인식을 만들려는 것이다. 물론 이를 통해 과거의 자신에 대한 나쁜 인식을 바꾸려는 의도도 숨어 있다.

우리나라에서 거부들이 법률을 위반하여 판결을 받으면 (대부분 실형이 아닌, 집행 유예로 풀려나면서) 바로 거액을 기부하겠다고 언론을 통해서 알린다. 자신의 죗값을 사회적으로 속죄해 달라는 의미를 담은 선물을 던지는 것이다.

그에 반해 본인이 빈자에 속하면서도 기부를 하는 사람들의 대부분은 주고받음의 사회적 계약과는 거리가 멀다. 빈자가 쌈짓돈을 기부했다고 해서 신문에 나는 경우는 거의 없다(홀로 사는 김밥 할머니의 전 재산 기부와 같은 경우는 예외적이다). 빈자는 자신이 세상을 살아오면서 남모르는 서러움을 겪었기에 지금도 비슷한 일을 겪고 있을 다른 빈자들을 도와주려는 것뿐이다.

오늘날 우리 사회에 물질 만능 주의가 만연하면서 거의 모든 행사나 활동에 부자들의 이름이 오르내리고 있다. 또한 부자와 이리저리 얽힌 사람들은 언제 어디서든 부자의 이름을 거론하며 그들과의 친분을 과시한다. 부자들은 부자들대로 자신의 이름을 날리려 애를 쓴다. 공명심이 강한 것이다. 하지만 참 부자들에게는 그런 공명심이 없다. 다만 그들의 선행에 감동한 사람들의 입을 통해 참 부자들의 이름이 저절로 널리 퍼져 나갈 뿐이다. 어떻게 해서든 자신의 이름을 널리 알리려 하는 사람들은 도토리 부자에 불과하다. 만나자마자 내미는 자서전에 적힌 수십 개의 직함, 사무실에 널려 있는 무수한 상패와 표창장, 수십 개 단체의 임원직들은 이를 증명해 준다.

올바른 부자 문화가 왜 중요한지 설명하기 위해 내가 만든 개념이 '공명의 함정Name Trap'이다. 인간의 하위 욕구가 물질과 성이라면, 상위 욕구는 이름과 지식이다. 세상에는 거짓 이름을 날리려는 부자들과 그들의 돈을 노리는 사기꾼 부류가 있다. 기부할 마음이 없으면서도 사회적으로 널리 이름을 알리기 위해 포장 기부를 하는 부자들이 만든 재단도 많다. 세금을 내지 않으려고 만든 재단을 친인척들에게 맡겨 놓고, 세상에는 "나 좋은 일 했소" 하고 큰소리치지만 실제로는 자기 욕구를 채우는 사람도 많다.

이런 거짓 부자들에게 기부를 구걸하는 위선적인 사회단체들도 즐비하다. 돈을 내는 부자들에게는 굽실거리면서, 실제로 낸 것보다 더 큰 액수의 영수증을 발행하여 이른바 '기부 장사'를 하는 위장 사회 조직들은 실제로는 영리 행위를 하고 있는 것이다.

좋은 차를 타고, 서민들은 이름조차 들어보지 못한 산해진미를 즐기면서 자기 욕구를 채우는 사회봉사 단체장들도 있다. 그들에게 푼돈을 주고 '이름을 얻는' 행위는 도토리 부자들이나 하는 짓이다.

사회에 조금이라도 기부하면 온갖 사회단체의 행사에서 맨 앞줄에 세운다. 우리나라에서 열리는 수많은 행사들에서는 항상 돈 많고, 폼 잡고, 권력 있는 사람들이 앞에 나선다. 입으로는 불쌍한 사람들을 돕는다고 하지만 실제로는 자신들의 공명심, 이득, 흑심을 채우려는 것이다. 행사의 앞자리를 구걸하는 부류들이 올바른 부자 사회로의 발전을 방해하고 있다.

진심으로 불쌍한 사람들과 사회 약자들을 위한다면 행사의 대부분에 노약자, 장애인 등 취약 계층이 나서고 실제로 돈을 낸 사람들 혹은 높은 사람들은 앞에 나서지도 말아야 한다. 또한 받는 입장에서도 분명한 태도를 취해야 한다. 진짜 부자 사회가 되려면 기부를 거절할 줄 알아야 한다는 뜻이다. 기부자의 의도를 명확히 파악하여 순수한 뜻으로 판단될 때만 기부를 받고 기부자에게 아무런 대가도 제공하지 말아야 참된 부자 사회를 만들 수 있다.

부자가 되는 과정에서는 이기심에 눈이 멀어 나쁜 행동을 저지를 수도 있다. 그러나 부자가 된 후에는 이타심을 갖고 살아야 한다. 남모르게 좋은 일을 하다 보면 억지로 자신과 가문의 이름을 드러내려 하지 않아도 언젠가는 사람들에게 퍼져 세상에 널리 알려져 진정으로 명성을 떨치게 되는 것이다.

어느 그룹의 회장은 자신이 졸업한 고등학교에 약정 기부를 하기로 하고 지속적으로 돈을 기부했다. 회장이 작고한 이후 그 고등학교에서 나머지 약정액을 기부해 달라고 하자 새로 회장이 된 큰아들은 이리저리 피하면서 거절했다고 한다. 있던 이름도 잃게 한 후대다. 이와는 다르게, 어느 중견 기업체의 창업주는 생전에 모 재단에 거액을 약정 기부했는데 그 회장이 세상을 떠나자 실제로 자녀들이 인감도장과 문서를 들고 와서 기부를 이어가 재단 사람들이 깜짝 놀랐다고 한다. 어느 중견 기업체 오너는 나와 함께 점심 식사를 하며 이렇게 말했다. "우리나라도 이제 개인 돈으로 기부를 해야 합니다. 회사 돈으로 기부하는 것이 말이 됩니까?" 작고한 어느 그룹 창업주는 생전에 "해외 유학 간 학생들에게 사비로 장학금을 주고 있다"고 말한 적이 있다. 이런 게 진짜 기부다.

이기심으로 낸 돈은 금방 잊히지만 다른 사람들이 인정하는 이름은 매우 오래간다. 주가 조작으로 부를 쌓은 미국의 밴더빌트 가문은 대학을 세워 양명揚名했고, 자기 가문 출신인 교황의 지원으로 거부가 된 이탈리아의 메디치 가문은 소장한 예술품을 모두 기증하여 죄를 용서받고 이름을 떨쳤다. "아버님이 새벽에 도자기를 다듬으시는 모습을 보면서 정말로 좋아하셨다는 느낌을 받았습니다. 땅까지 팔아서 산다고 미친 사람이라며 동네에서 쑥덕거렸는데……." 수십 년이 흘렀는데도 매년 사람들이 찾는 명문가의 장자가 내게 한 말이다. 당시 10여 명에 불과했던 거부에 속했던 그는 집안의 무수한 땅을 팔아 우리의 문화유산인 도자기를 사들였다. 이처럼 이름은 스스로 내는 것이 아니라 남들이 빛내 주는 이름이 진짜다.

부자02훈

독식이 아닌 공존을 생각하라

신자유주의의 물결을 타고 전 세계의 빈부 격차가 엄청나게 커지고 있다. 승자가 독식하는 시스템Winner takes all이 생겨나면서 불만의 목소리도 높아져 간다. 한국도 마찬가지다. 부자는 KTX보다도 빠르게 재산 액수의 동그라미 숫자를 늘려 가는 반면, 빈자는 점점 더 빚의 수렁으로 빠져 들어간다. 나는 산업화, 자본화, 세계화, 정보화가 야기한 빈부 격차 현상을 '차이 증가 장치 Difference Accelerating Mechanism'라고 이름 붙였다.

과거 우리나라에서 재산을 1000억 원 이상 갖고 있는 부자는 거의 찾아 볼 수 없었다. 재산이 1조 원 이상인 부자가 등장한 것도 불과 얼마 전이었는데, 이제는 총 재산 10조 원에 달하는 거부들도 나타나고 있다. 그러나 전체 가구 중에서 하위 약 30% 정도는 재산이 3천만 원도 채 되지 않는다. 전체 가구의 평균 재산은 약 2억 7000만 원 정도이며, 가구의 총 재산이 5억 원이면 상위 20% 정도에 해당한다. 그런데 이들 대부분은 버는 돈보다 빚 갚는 데 사용하는 돈이 더 많은 실정이다. 30년 전보다 나아진 것이 있다면 한 끼 식사로 '수제비' 대신 '돼지 갈비'를 먹을 수 있다는 것 정도다.

1000원짜리가 어떻게 생겼는지도 모르는 거부의 손자와 그 돈이 없어 라면으로 끼니를 때우는 빈자의 손자, 100만 원짜리 수표를 갖고 다니며 쇼핑하는 거부의 딸과 한 달에 80만 원을 벌기 위해 수천 번 굽실거리는 빈자의 딸이 함께 공존하는 것이다.

평균의 개념이 적용된 '2만 달러 국민 소득'은 전체 인구의 80% 정도에게는 단지 '숫자'에 불과할 뿐이다. 스스로 빈자라고 생각하는 사람들은 부자들만큼 정신적으로 강하지 못해 꿈을 향해 몰두하지 못한다. 물질을 얻는 방법 또한 터득하지 못하여 빈곤의 악순환이 반복되고 있다. 그러나 그보다 더 큰 문제는 부자로 '점프 업' 할 수 있는 시스템이 급속도로 발전하고 있다는 사실이다. 한 부자는 이렇게 말했다. "교수님, 저도 재산이 30억 원을 넘어 보니까 금방 돈이 늘어나더라고요. 교수님 말씀대로라면 이제 대한민국에서 상위 1% 안에 충분히 듭니다. 그런데 저를 제외한 친가와 처가 가족은 빚에 허덕이고 있어 걱정입니다." 이에 나는 이렇게 응수했다. "그럴 것입니다. 그분들이 스스로 올라설 수 있도록 도와주십시오."

유명한 부자의 이름(우리나라의 경주 최부자집, 유일한 박사, 미국의 록펠러, 스웨덴의 발렌베리Wallenberg 등)을 언급하지 않더라도, 부자들은 국민 80%에 대한 반대급부를 충분히 고려해야 한다. 정부의 따뜻한 손길 또한 필요하다. 정부 소득의 상당수는 스스로를 빈자라 생각하는 80%의 국민들이 내는 유류세, 주세, 부가세 등의 각종 세금에서 비롯되기 때문이다. 따라서 납세자들에게 그것을 어느 정도 돌려주는 정책도 필요하다. 그러기 위해서는 일시적인 선거용 대책에서 그치지 말고 유세의 기본 대상인 국민 80%를 위한 진심 어린 정책을 만들어야 할 것이다. 뿐만 아니라 사회적 이슈가 되고 있는 '급식비 지원'과 '등록금 지원'도 논의해 볼 가치가 있다.

역사적 기록에 따르면 빈부 격차가 극에 달했을 때 부자들은 '타도의 대상'이 되었다. 그러면 정부는 폭동과 혁명에 직면한다. 이처럼 빈부 문제는 수천 년 동안 끊임없이 발생하는 처절한 투쟁의 근원이었다. 따라서 갈수록 가속화하는 '차이 증가 장치'에 대한 지혜로운 해결책을 찾아야 한다.

부자03훈

나만이 아닌 모두를 위해 소비하라

    부자들의 정신은 처음에는 나쁜 부자에서, 그리고 나중에는 좋은 부자로 바뀌어 간다.

    돈은 검은색과 연결시키는 것이 일반적이라 부자의 색깔은 검은색이라고 생각하는 사람이 많다. 매일 나쁜 짓을 해도 별로 티가 나지 않는 사람이 부자들이라고 대다수가 생각한다. 그러나 부자도 하얀색이 될 수 있다. 어떻게 가능할까? 나는 '부자 시민 행동Affluent Citizenship Behavior'이라는 개념을 만들었다. '부자가 풍족함을 누리는 시민으로서 해야 하는 적절한 행동'이란 의미다.

    부자 시민 행동은 네 개로 구성되어 있다. 스포츠맨십Sportsmanship, 신사도Gentlemanship, 지도력Leadership, 봉사 헌신Servantship이 그것이다. 한마디로 부자가 원칙을 지키고, 품위를 유지하고, 사회를 이끌면서, 남들에게 좋은 일을 해야 한다는 내용이다. "왜 힘들여 번 내 돈과 내 시간을 남들을 위해 사용해야 합니까?"라고 묻는 부자들이 있다. 그에 대한 답변 중 하나는 대부분의 부자들이 가난한 사람의 돈으로 부를 쌓았기 때문이라는 것이다. 이는 세계적으로 거의 공통적인 사실이다.

부자들은 다른 부자의 돈으로 재산이 불어난 게 아니다. 부자가 아닌 사람들의 돈으로 자산가 반열에 오른 경우가 많다. 또 다른 이유도 있다. 부자는 쓰는 돈보다 버는 돈이 더 많기 때문에 남을 위한 좋은 일에 이를 사용해야 한다.

이런 부자 시민 행동을 적극적으로 실천한 사례가 많다. 알지 못하는 사람들을 위해 돈을 쓰는 부자들이 대표적인 예다. 예전에 만나 본 어느 여성 부자는 '세금 납부야말로 가장 좋은 애국 사업'이라고 굳게 믿고 있었다. 그녀는 회사가 힘들어 어쩔 수 없이 밀린 세금은 그다음에 사업이 흥하면 반드시 다 갚고, 밀렸던 세금만큼을 추가로 기부한다고 했다. 또 시골에 사는 어느 부자는 저녁 식사를 위해 구입한 고기가 상한 것을 알고 돈을 내주며 "그 고기를 몽땅 사오라"고 했다. 왜 그랬을까? 고기를 모두 땅에 파묻기 위해서였다. 가게 주인이 계속 상한 고기를 팔면 그 고기를 먹은 누군가는 병이 날 테니 미리 막으려는 차원에서 자기 돈으로 좋은 일을 한 것이다. 그뿐만이 아니다. 서울 근교의 어느 부자는 자신의 공장으로 들어오는 도로에 아스팔트가 깔려 있지 않아 동네 사람들이 불편해한다는 사실을 알았다. 물론 공장으로 원재료를 배달하는 트럭 기사들의 불만도 끊이지 않았다. 이에 그는 큰마음을 먹고 회사로 들어오는 몇 킬로미터에 달하는 도로에 자신의 돈으로 아스팔트를 깔았다.

감행하기 쉽지 않은 희생정신을 지닌 부자도 있다. 다음은 내가 자주 만나는 한 연로한 의사가 들려준 이야기다. 한국전쟁 때, 어느 부잣집에 아들과 조카가 같이 숨어 있었다. 공산군이 젊은이들을 찾으러 오자 부자는 조카를 숨기고 친아들을 내주었다. 결국 친아들은 전쟁터에서 세상을 떠났다. 숙부의 큰 뜻을 마음에 새기고 살아가던 그 조카는 훗날 의사가 되어 부자가 되었다. 그리고 번 돈만큼 꼬박꼬박 세금을 냈다. 그런데 그 액수가 너무 많아 이를 이상하게 생각한 세무서에서 집중 조사를 나왔다. 이에 그는 모든 자료를 다 제공했고 흠잡을 데 없이 깨끗한 결과에 놀란 세무서 직원들은 깊은 인상을 받고 돌아갔다고 한다.

어느 부잣집 할아버지는 어린 손자들을 데리고 외식할 때 꼭 한 번은 비싼 곳으로, 한 번은 허름한 곳으로 데리고 간다고 한다. 그리고 허름한 감자탕 집에 들렀을 때는 음식을 추가하는 데 얼마가 드는지 손자들이 기억하게 했다. 부자가 아닌 사람들의 생활을 알아야 나중에 손자들이 회사를 물려받았을 때 아랫사람들의 어려움을 안다는 이유에서다. 또 재산액의 자릿수가 열두 자리가 넘는 한 거부는 평범한 집에 살면서 중형 국산차를 타고 수수하게 입고 다닌다. 내가 왜 그렇게 다니느냐고 물으니 "제가 호화롭게 살면 남들이 저를 보며 열등감을 느끼거나, 불편한 감정을 가질 수도 있습니다. 나도 편하고 저를 보는 분들도 편한 것이 좋겠지요"라고 답했다. 백의민족인 우리나라 사람들은 먹물이 쥐꼬리만큼이라도 튀면 더럽게 보는 경향이 있다. 우리나라에서 사회적으로 비난받는 '일부 검은 부자들'이 순백의 진정한 부자들로 거듭나기를 바란다.

부자04훈

독한 성공에는
반드시 선행이 뒤따라야 한다

부자학을 공부하면서 깨우친 것 중 하나가 부자는 악에서 선으로 바뀔 수 있다는 것이다. 이를 바탕으로 만든 개념이 '선악후선설'이다. 부자가 되기까지의 과정은 악의 성격이 강하고, 이후에 부자로 사는 과정은 선의 성격이 강하다는 뜻이다. 한국 굴지의 부자로 칭송받는 어느 집안도 처음에는 장리(고리대금업)로 돈을 모았고, 나중에는 그렇게 모은 재산을 모두 기부했다. 독점으로 부를 이룩하고, 자선으로 끝을 맺으려 하는 빌 게이츠도 이와 마찬가지 경우다.

그렇다면 부자가 되는 과정에는 왜 악한 성격이 있을까? 여러 가지 이유가 있다.

첫째, 금전 추구를 인생의 목적으로 삼아 부자가 되기 위해 악행(가족 재산 탈취, 무자료 거래 자행, 종업원 이득 착취 등)을 하기 때문이다. 부자학 강의를 듣는 어느 여대생이 "교수님, 제 큰아버지가 할아버지 재산을 몽땅 독차지한 후 시장에서 사채 놀이를 통해 떼부자가 됐는데, 그 덕에 제 가족과 삼촌들은 굶어야 했습니다"라며 나쁜 부자인 큰아버지에 대해 한풀이를 한 적이 있다. 빈손으로 시작한 대리점으로 100억 원을 모았다는 한 사람은 "교수님, 저도 무자료 거래를 안 하는 대리점으로 표창까지 받았습니다. 그런데 실은 90% 정도만 자료 거래였습니다. 부끄럽습니다"라고 고백했다.

둘째, 남이 일어서지 못하도록 짓밟아야 독점할 수 있고, 그만큼 빨리 부자 반열에 오를 수 있다고 믿는 사람들이 있다. 어느 노인은 한탄하면서 어떤 사람이 "동네 고깃집을 모두 망하게 하려고 사람을 매수해서 못된 짓을 일삼았고, 본인은 불법으로 점포를 늘리며 동네 가게들을 전부 없애버렸습니다. 염라대왕이 한탄할 부자입니다"라며 독점 부자를 욕했다. 그러나 사실 알고 보면 세계 최고의 부자들은 거의 대부분 독점의 길(석유, 소프트웨어, 통신 등)을 걸어 부를 쌓을 수 있었다.

셋째, 은밀히 불법 거래를 하면서 해서는 안 될 방식으로 돈을 모은 사람들이 많기 때문이다. 몇몇 대기업은 한때 수출입을 통해 금괴를 밀거래했고, 일부 정치가는 모텔에 돈을 투자하여 수천

배의 이득을 취했다. 심지어 폭력 조직들은 인간 장기를 불법으로 매매해 돈을 모으기도 했다.

그러나 생은 한순간이며 사람이야말로 소중한 자산임을 깨닫고 악한 행위를 선행으로 바꾸어 나간 부자들도 아주 많다. 대표적인 예로 1년밖에 못 산다는 진단을 받은 후 '선행의 큰손'이 되어 40여 년을 더 산 록펠러가 그렇다. 또 어느 중견 그룹 회장의 부인은 매년 수십억 원씩 들여 자선을 베푼다. 내가 의아해 하자 그녀는 "교수님, 결국은 저를 위해서 하는 일이에요"라고 수줍게 답했다.

어떤 시대나, 국가, 사회에서도 부자가 되는 과정은 악의 요소로 우글거릴 때가 있다. 그러나 부자로 사는 동안에는 선행이 끊임없이 계속되어야 한다. 이는 부자 자신을 위한 일이다. 꼭 거창하지 않아도 된다. 자신의 꿈을 이루기 위해 손가락에 못이 박힐 정도로, 무릎이 부서지도록, 머리가 깨질 만큼 노력한 사람이 부자가 되어야 한다. 그러나 부자가 되기 전에 피하지 못할 악행을 했다면, 꿈을 어느 정도 이룬 후에는 집단선이나 사회선을 통해 사회에 속죄해야 한다. 무게 잡고 멋을 부리며 느긋하게 베푸는 선행이라도 안 하는 것보다는 낫다.

여기서 조금 더 나아가 악의 가면을 벗어던지고 선의 얼굴로 거듭날 수 있도록 진심으로, 진정으로, 진실되게 노력하는 부자가 많아져야 한다. 인류 역사상 국민 소득 1만 달러에 가장 빨리 도달한 국가가 대한민국이다. 그런 자랑스러운 나라에서 2030년까지 소득 10만 달러를 달성하자는 외침이 터져 나오고 있다. 그와 같은 웅대한 역사를 부자가 이끌었다는 찬사와 함께, 부자가 사회의 등불이 되려면 스스로 마음을 열고, 아름다운 선을 수행해야 한다.

부자05훈

부자의 돈이 아닌 인생철학에 주목하라

이 세상이 부유함을 빈한함보다 더 의미 있다고 여긴 것은 역사적으로 오래되지 않았다. 과거에는 인류의 문명 지역 대부분에서 깨끗한 빈한함을 더러운 부유함보다 훨씬 더 가치 있게 생각했다.

부자는 상대적인 개념이다. 전 세계에서 스스로 가장 부자라고 생각하는 사람은 단 한 명뿐일 수도 있다. 2010년부터 2012년까지 3년 연속, 전 세계에서 최고의 부를 가진 것으로 알려진 멕시코의 슬림 회장은 약 70~80조 원을 넘나드는 개인 재산을 가지고 있다고 한다.

2012년을 기준으로 전 세계에서 1조 원 이상을 개인 재산으로 가지고 있는 사람들은 약 3000명에서 5000명 이내일 것으로 추정된다. 공식적으로는 1조 원을 넘으면 약 1500등 안에 드는데 실제로는 그것보다 세 배는 많을 것으로 보인다. 앞에서 언급한 1조 원이란 거의 대부분이 주식 시장에 상장되어 있는 주식을 보유한 개인의 재산 현황을 기준으로 한다. 전 세계적으로 선진국은 주식이 발전했고, 후진국은 대부분 부동산이 발달되어 있다. 그리고 선진화되지 않은 국가의 독재자나 정치가들의 경우 숨겨 놓은 재산이 엄청날 것으로 전문가들이 추산한다. 이런 것들을 감안해 보면 전 세계에서 1조 원 이상을 가진 사람들은 5000명이 채 안 된다고 한다. 그런데 여기에서 1위인 멕시코의 슬림 회장을 제외한 거의 대다수는 세계 최고 부자와 자신을 비교하는 경향이 있다. '1위인 슬림도 평범한 집에 살면서 직접 운전하고 다니는데, 감히 내가……' 하고 생각하는 것이 부자다.

부자는 자신보다 더 많이 가진 부자의 생활 철학과 행동 패턴을 배운다. 그래서 그들은 검소한 생활을 유지하면서 돈을 헛되이 쓰지 않고 재산을 오랫동안 유지하기 위해 노력하는 것이다. 부유하면서도 자발적 가난을 추구하는 것은 건강한 부자의 철학이다.

워렌 버핏은 전 세계 최고 반열에 든 부자인데도 4만 달러(우리나라 기준으로 4000~5000만 원)짜리 집에 살면서 10년 동안 몰던 자동차를 사회 복지 재단에 기부했다. 우리나라에서 웬만한 중산층도 1억 원이 넘는 아파트를 갖고 있고, 자동차도 2~3년 만에 한 번씩 바꾸는 세태를 떠올려 보면 놀라운 일이 아닐 수 없다. 이러한 워렌 버핏의 기부는 '나는 세계 최고의 부자인데도 이렇게 절약하면서 오래 자동차를 몬다'는 사실을 세상에 알리려는 의도였다.

진짜 부자는 겉멋에 대한 감각이 전혀 없다. 오히려 최고급 옷을 입고 무게 잡는 것을 거북하게 느낀다. 어쩌다 돈이 생기면 그럴 수도 있겠지만, 항상 돈이 넘쳐나게 되면 물질로서 또 다른 물질을 더 추구한다는 것이 별로 의미가 없다는 사실을 그들은 이미 알고 있기 때문이다. 간혹 최고급 속옷이나 값비싼 골프채에 넋을 잃는 경우도 있으나, 진정한 부자는 명품은 한두 개면 족하고 평소에는 서민들과 같은 옷을 즐겨 입는다.

물질이 가져다주는 순간적인 즐거움은 허망할 뿐이다. 부자가 걸어서 다니든, 지하철을 타든, 소형차를 타든 그가 부자라는 사실에는 전혀 변함이 없다. 그러나 능력도 되지 않는 사람이 외제 고급 승용차를 타고 다닌다고 해서 그를 부자라 부르지는 않는다. 내면에 자신감을 갖고 그것을 언제든지 현상화할 수 있는 능력(정신적, 물질적, 사회적 능력)이 있는 사람이야말로 진짜 부자인 것이다.

반면 부자가 아닌 사람들 일부는 부자의 실제 생활 철학을 배우는 것이 아니라, 그들의 겉모습에만 신경을 쓴다. 한국의 모 재벌 회장 부인이 명품 마니아라느니, 인도의 어느 부자가 1조 원짜리 집을 지었다느니, 중국의 어느 부자는 해외 원정 사냥을 좋아한다느니, 아프리카의 어느 부자가 영국의 최고급 맨션을 구입했다니니, 미국의 어느 부자는 칠레 땅을 사고도 남을 재력을 가지고 있다느니 하는 것들이다. 그러나 이것은 그다지 중요치 않다. 부자들이 자신만의 생각과 철학을 꾸준히 실천한 결과로 얻은 재산일 뿐이다. 그들은 물질 자체에는 그렇게 신경 쓰지 않는다.

이렇듯 부자가 못 되는 사람들의 가장 큰 문제는 '부자처럼 사는' 방식에만 중점을 둔다는 것이다. 부자가 아닌데도 부자처럼 살려고 욕심을 내기 때문에 평생 부자가 되지 못하는 것이다. 작은 아파트에 살면서 고급 승용차를 몰고 다니고, 신용카드 할부금을 한참 더 내야 하는데도 백화점 명품관을 들락거리는 모습을 보면 쉽게 이해가 간다. 본인의 소득 수준은 생각하지도 않은 채 초일류 결혼식장을 보러 다니고, 자녀의 사교육을 위해 부자 동네로 이사하는 것도 같은 맥락이다.

다음은 내가 아는 어느 재벌 그룹 회장의 부인이 겪은 일화다. 그녀는 교회에 갔다가 목사님이 아프리카의 헐벗은 아이들에 대해 설교하는 것을 듣고는 개인 수표로 10억 원을 꺼내서 헌금을 했다고 한다. 그리고 얼마 후 오랜만에 명품 가방을 하나 장만해야겠다고 생각했다가 10억 원의 수표를 결제해야 한다는 사실에 그냥 참았다. 그러고는 알던 사람에게 사고 싶었던 명품 가방의 모조품을 한두 개 사오라고 부탁했다는 것이다. 얼마 후 호텔 행사가 있어 그 모조 가방을 가지고 외출을 했는데, 이를 본 다른 재벌가 부인들이 "사모님. 그 가방, 뉴욕에서 사셨죠?" "진짜 그런 것 같네요." "우리 같은 처지에는 국내 면세점에서 사야겠는데……. 어디에서 살 수 있어요?" 하며 연신 감탄했다고 한다. 이에 '거짓 증언하지 말라'는 성경의 말씀이 떠올라 "이 가방은 가짜인데요. 제가 아는 분에게 부탁해서 시장에서 산 것입니다" 하니 다들 농담하지 말라며 믿지 않았다고 한다. 이야기를 하던 그녀가 "교수님. 왜 사람들은 날 안 믿지요?"라고 묻기에 나는 "부자가 아닌 사람들은 부자처럼 사는 맛에 빠집니다. 진짜 부자는 평범하게 삽니다"라고 답했다.

또 다른 예로 여든 살이 넘은 어느 회장이 회사에 나가 일을 하다가 어느 날 기사가 안 나와서 막내딸이 타는 소형차를 직접 운전해 골프장에 갔다고 한다. 그런데 평소에 기사가 운전하는 고급 승용차를 타고 갔을 때는 필요 이상으로 극진히 대접하더니, 직접 소형차를 몰고 가니 쳐다보지도 않는 것이었다. 회장은 바로 차에서 내리지 않고 그 자리에서 끝까지 버텼다고 한다. 잠시 후 골프장의 최고 책임자가 와서 "아니, 회장님. 어쩐 일이십니까?" 하며 말을 걸어 그때서야 차에서 내렸다고 한다. 회장은 그 앞에서는 아무런 이야기도 하지 않았지만 속으로는 골프장에서 일하는 사람들은 부자가 되기 힘들겠다고 생각했다고 한다.

이처럼 보이는 것에 신경 써서는 안 된다. 부자의 겉모습에 매료

될 필요는 전혀 없다. 특급 호텔에서 한 병에 500만 원이 넘는 와인을 마시면서 무게 잡는다고 부자가 되는 것이 아니다. 2억 원이 넘는 외제차를 몰고 다닌다고 부자와 친해질 수 있는 것도 아니다. 이런 어리석은 행동은 당신의 소비 성향만 나빠지게 할 뿐이다. 당신이 부자의 겉모습을 흉내 내는 것을 아는 부자들은 '여력이 될 것 같지도 않은데 저렇게 쓰다니……' 하고 마음속으로 비웃을 것이다. 겉으로 드러나는 모습이 아닌 부자의 속 모습을 보는 눈을 길러야 한다.

부자가 되는 길은 그렇게 많지 않다. 새로운 것을 찾아내려고 노력하면서 생활 속에서 절약해야 한다. 또한 생각한 대로 끝까지 추진하면서 남들이 자신을 필요로 하게 만들면 부자가 된다.

반면 부자가 되기 위한 금기사항에는 수만 가지가 있다. 남들이 하는 것을 따라 해서는 안 되고, 남들이 다 한 다음에 쫓아가서도 안 된다. 또한 남들이 다 만들어 놓은 것에 도전하면 안 되고, 새로운 길을 못 찾아도 안 된다. 헤프게 쓰면 들어오는 돈보다 나가는 돈이 많아서 안 되고, 거의 다 이루었는데 모르고 멈추면 또 안 된다. 워렌 버핏은 매우 절약하여 생활했다. 점심으로 햄버거를 먹고, 온몸에 걸치는 것은 그다지 비싸지 않았으며, 4000만 원짜리 집에 수십 년을 살면서도 불평하지 않았다. 그러나 그는 매일 독서하면서 새로운 것을 찾고 자신만의 투자법을 만들었다. 이렇게 새로운 가치를 만들어 간 결과로 부를 이루어낸 것이다.

부자들은 '평범하게 사는 법'을 스스로 터득하여 살아간다. 물론 필요할 때는 부자로서의 역할을 다하지만, 평소에 생활하는 모습은 일반인과 크게 다르지 않다.

부자가 되고 싶다면 당신이 진정으로 원하는 것이 무엇인지 알고 모든 노력을 쏟아 부을 수 있어야 한다. 예컨대 대한민국 최고의 허브 전문가가 되어 허브 칼국수, 허브 김밥, 허브 데리야끼를 만들어 인정받으려면 여기에 모든 정신과 물질을 투자해야 한다. 자가용 대신 허브를 편하게 배송할 수 있는 중형 트럭을 사고, 자식은 학비가 비싼 사립학교 대신 공립학교에 보내는 것이다. 이렇게 해서 남는 모든 정신적·물적 재산을 허브에 투자하면 된다. 당신이 진정으로 하고 싶은 일이 있다면 대한민국 최고가 되기 위해 정신과 물질을 아낌없이 쏟아야 한다.

부자란 정신적으로 자신이 하고 싶은 일을 하면서, 그 일을 통해서 물질적으로 어느 정도의 여유를 가지고, 남는 물질을 자신이 하고 싶은 일에 쏟아 부어 사회로부터 인정을 받는 사람이다. 정신이 재산을 만들고, 그 재산이 한 사람의 꿈과 세상의 편의를 위해서 사용되면 인류의 행복이 찾아온다. 돈을 버는 목적이 명확하고 부를 축적하면서 어떤 부정행위도 저지르지 않은 사람이 있다면 그 사람이 진짜 부자다. 가진 액수는 관련이 없다. 폐지를 주워 팔면서도 같은 처지에 있는 장애인들을 돕기 위해서 오랫동안 모은 거액을 기부하는 경우도 있다. 이런 사람이야말로 공금 횡령 의혹을 받는 거부들과는 다른 진짜 부자인 것이다.

물질은 한때이고, 정신은 영원하다. 올바른 부자가 되고 싶다면 스스로 물질에 대한 욕망을 억누를 수 있어야 한다. 물질의 허망함은 이를 경계한 부자들의 모습을 통해 쉽게 알 수 있다. 앞서 언급했듯이 세계 최고의 부자인 멕시코의 슬림 회장은 평범한 집에 살면서 자가용을 직접 운전했으며, 한때 미국 전체 GDP의 0.4% 이상을 소유했던 빌 게이츠는 700억 원짜리 집에 살면서도 자녀들에게는 일주일에 단 1달러의 용돈만 주었다고 한다. 이들 모두 물질의 허상을 알고 있었던 것이다.

정신이 물질을 만든다는 진리를 확고하게 마음에 새겨 놓아야 한다. 북한에서 온 개성 상인의 후손인 어느 회장은 옷을 꿰매 입으면서도 남들의 시선은 아랑곳하지 않고 불쌍한 서민들을 어떻게 도울 수 있을지 항상 생각한다고 한다.

남들이 보지 못하는 것을 보고 생각하며 새로운 것을 발견하고 만들어내는 것이 중요하다. 그렇게 시작한 일이 사회적으로 도움이 되면 돈은 자연스럽게 따라 온다. '겉모습'을 중시하지 말고 '마음'에 귀를 기울이면 당신도 진짜 부자가 될 수 있다.

부자06훈

남을 믿지 말고 남의 신뢰를 받아라

이 세상에 믿을 수 있는 사람은 딱 한 명뿐이다. 누구일까? 바로 자기 자신이다. 물론 자신의 마음도 변덕이 심할 수 있으니 100% 믿기는 힘들다. 그래도 나 자신은 그나마 믿을 수 있는 존재다.

부자는 사람을 잘 믿지 않는다. 거부는 자기 자신 이외에는 아무도 믿지 않는다. 냉철한 판단력을 가진 거부들에게 인간관계는 재산을 늘리기 위한 수단의 일환일 뿐이다. 아무리 오랫동안 알고 지냈더라도 자신에게 해가 될 때는 그 관계가 한순간에 무너질 수 있음을 그들은 너무도 잘 알고 있기 때문이다.

따라서 자신 이외의 어느 누구도 깊이 믿어서는 안 된다. 부자가 되고 싶다면 더더욱 아무도 믿지 마라. 대신 겉으로는 그들을 믿는 것처럼 행동하는 것이 좋다. 배우의 능수능란한 연기처럼 그냥 "믿어"라는 말만 던지면 된다. 다른 사람들을 믿으면 안 되는 이유들은 다음과 같다.

첫째, 그들은 당신이 아니다. 그들은 당신이 현재 하고 싶은 일이 무엇인지 명확하게 모른다. 당신은 하고 싶은 일을 편하게 하고 싶어서 부자가 되려는 것이다. 지금은 부자가 아니니 직장 상사가 시키는 온갖 잡다한 일까지 해야 하지만, 당신이 상사가 되면 무엇이든 시키기만 하면 된다. 돈만 주면 어떤 일이든 하겠다는 사람들이 넘쳐 난다.

이런 편함 때문에 하루 빨리 부자가 되고자 하는 마음을 아무리 말해도 이를 이해해 주는 사람은 극히 드물다. 이는 가족이라 해도 별반 다르지 않다. 가족들에게 당신이 하고 싶어 하는 일을 설명하고 그것을 해 달라고 해보면 알 수 있다. 배우자도 당신이 원하는 것을 열 개 중에 한두 개 하고 만다. 하물며 내가 낳은 자식들은 어떤가? 드라마는 열심히 챙겨 보면서 내 말은 잘 안 듣는다. "스마트폰의 환상적인 내비게이션 구조를 보니 스마트폰의 창시자인 스티브 잡스는 천재가 맞아요" 하며 흠모하는데, 정작 바로 옆에 있는 부모에 대한 존경심은 얕다.

부자가 아니기 때문에 가족들이 당신 말을 안 믿는 것이 아니다. 가족들의 눈이 휘둥그레질 정도의 새로운 가치를 당신이 계속해서 만들어내지 못하기 때문에 안 믿는 것이다. 당신이 신문에 대서특필될 만한 일을 하면 가족들은 당신을 우러러 보고 더욱 신뢰할 것이다. 그러나 이것도 며칠뿐이다. 그런 것이 인생이다. 그렇다고 해서 부자가 가족을 통제하려는 목적으로 돈을 쓴다면 그것이야말로 최악의 선택이라 하겠다. 가족들은 돈이 생길 때는 믿는 척하지만, 실제로는 거의 안 믿는다. 원래 인간은 남을 잘 믿지 않기 때문이다.

둘째, 당신 이외의 사람들은 당신의 생각과 상황을 완전히 이해하지 못한다. 그들은 당신이 무슨 생각을 하는지 대강만 알 뿐 자세한 것은 잘 모른다. 당신과는 다른 상황에 있는 그들은 그저 아는 척만 하는 것이다.

기업체를 운영하면서 직원들을 크게 믿었던 오너들은 대부분 후회를 한다. 어떤 사람은 오랫동안 몰래 탈세를 하면서 직원들에게는 이를 숨겨왔다. 그런데 믿었던 직원들 중 한 명이 7년 동안 탈세 증거 자료들을 모으고 있었나 보다. 어느 날 그에게 자료들을 보여 주면서 국세청에 고발하겠다는 말에 기겁을 했다고 한다. "7년 동안이나 자료를……" 하며 더 이상 말을 잇지 못하는 오너의 표정이 씁쓸했다. 그는 아마 그 이후로 다시는 직원들을 믿지 않을 것이다.

또 다른 예로 어느 중소기업체 오너는 수십 년 동안 아주 친한 친구의 동생들, 친척들과 같이 사업을 했다. 그는 직접 세운 회사에서 열심히 일하는 친한 친구의 동생을 철썩 같이 믿고 사장 자리에 앉혀 두고는 자신은 외부 일에만 신경을 썼다고 한다. 그러던 어느 날 이 동생이 해외에 잠깐 나갔다 오겠다고 해서 그러라고 했는데, 알고 보니 해외로 출국하기 직전에 자금을 몽땅 인출해서는 돈세탁을 하여 가지고 나갔다는 것이다.

이런 일들은 비일비재하다. 그래서 남을 믿으면 안 된다. 특히 돈과 관련해서는 절대로 남을 믿으면 안 된다. 음식점에서 돈을 받는 사람들은 전부 사장 본인, 사장의 배우자, 사장의 아들이나 딸 혹은 아주 가까운 친척 정도다. 가까운 친척도 가끔은 몰래 빼돌릴 수 있으니 사장이 직접 수금하는 경우가 대부분이다.

셋째, 다른 사람들은 당신만큼 절박하지 않다. 일을 같이 하기로 하고 밀어붙이다가 조금이라도 문제가 생기면 나 몰라라 하는 경우가 많다. 그들은 대개 '일이 되면 좋고, 안 되면 할 수 없지' 하고 만다. 그러나 직접 책임지고 이끌어 가야 하는 사람은 그 일이 안 되면 큰 타격을 입는다.

부자란 자신이 하고 싶은 일을 위해서 무엇인가를 하는 사람이다. 그런데 같이 일하는 사람들이 노력하여 최선을 다하지 않으면 사람 수만 많을 뿐 사실상 일의 성과는 나오지 않는 것이다. 물론 그들에게 돈을 좀 더 주거나, 술을 사 주거나 선물을 주면 어느 정도 효과가 있을 수는 있다. 그러나 어떤 방법을 사용하더라도 그들이 당신을 완전히 이해하고 희생하는 일은 일어나지 않는다.

사업을 통해 부자가 된 사람이라면 누구든 알고 있는 사실이 있다. 힘들고 어려운 일은 결국 본인이 직접 해야 한다는 것이다. 호텔에 근무하다가 그만두고 명품 관련 사업을 20년 정도 하여 이제는 어느 정도 성공한 혹자는 7년 동안 자기 회사의 화장실 청소를 직접 했다고 털어놓았다. 직원은 누구도 화장실 청소를 하려고 하지 않는다. 그들은 그저 월급쟁이일 뿐이다. 궂은일은 자신의 몫임을 안 그는 끝까지 청소를 해 왔고 자신의 회사 명의로 빌딩을 산 이후에야 그만두었다고 한다.

일을 하는 데 사람들의 신뢰는 중요한 성공의 원천이다. 믿지 않으면 함께 일을 하기 어렵다. 그러나 절대 완전히 믿어서는 안 된다. 아끼는 사람도 언젠가는 떠나리라는 것을 염두에 두어야 한다. 동업자들이 전부 떠나 홀로 남게 되더라도 좌절하지 않겠다고 각오하라. 100명 넘는 직원이 있어도 결국은 나 혼자다. 믿지 않으면서 그들에게 믿지 않는다고 말할 필요도 없다. 그냥 그렇게 생각하고 생활하면 실패할 확률도 줄어든다. '배신감'은 사치스러운 표현이다. 처음부터 믿지 않았으면 배신이란 없다. 돈을 받아내야 하는 열두 개의 거래처가 있다면 이 중 단 한 군데에서도 돈을 돌려받지 못하게 되는 최악의 상황에 대비해야 한다. 그러다 서너 군데에서 돈을 받으면 성공한 것이다.

자신이 하고 싶은 일에 최선을 다하면서 살아라. 그래야 부자가 된다. 다른 사람을 믿지 않으면서도 내가 하고 싶은 일에 다른 사람들이 협조하게끔 만드는 것이다. 물론 하고 싶은 일을 하면서도 부자가 되지 못할 수 있다. 그래도 원하던 대로 자신의 인생을 살 수 있다면 행복할 것이다. 평생 남의 일만 하면서 부를 모은 사람들보다 부를 가지지 못했더라도 최선을 다해 원하는 일을 하면서 산 사람이야말로 진정한 부자의 인생을 맛본 사람이다.

부자07훈

80%를 달성한 순간 더 큰 목표를 찾아라

한 연구 결과에 따르면 약 10년 동안에 100명 중 3명 이하만이 부자가 된다고 한다. 이처럼 부자가 되는 것은 쉽지 않다. 남과 다른 생각을 해야 하고, 남보다 빠르게 행동해야 한다. 또한 남보다 훨씬 많이 벌어야 하면서도, 남보다 훨씬 적게 써야 하고, 남보다 열심히 일해야 한다. 하고 싶지 않은 것을 남보다 훨씬 더 열심히 해야 한다니 여간 고통스러운 일이 아닐 수 없다.

그래도 부자는 정신적으로 자신이 하고 싶은 일을 하고, 그 일을 통해서 물질적으로 여유를 가지며, 사회적으로 인정받는 사람이다. 자신의 일을 즐기면서 새로움에 도전하는 것이 부자의 삶이다. 시작이 다르면 끝이 다르게 보인다. 생각을 다르게 하라.

부자가 되는 데 가장 많이 사용되는 방법 중의 하나가 프랜차이즈 사업이다. 그러나 기존에 있던 프랜차이즈 업종을 선택해서는 부자가 되기 힘들다. 우리나라의 대형 편의점들은 가맹점 수가 1만 개를 넘어 전국 3000여 개의 동에 몇 개씩 자리 잡고 있다. 이에 퇴직자들은 너나 할 것 없이 그나마 가장 쉬워 보이는 대기업 계열 편의점 경영에 몇억 원씩 가지고 뛰어든다. 그러나 하루 24시간 365일 동안 아무리 열심히 일해도 위로 올라갈 길이 잘 보이지 않는다. 수만 개 편의점 사이의 경쟁에서 당신이 이길 확률은 거의 없기 때문이다. 또한 당신은 대기업 계열 편의점 본부의 하수인일 뿐이다. 대기업은 당신을 위해서 존재하는 것이 아니라, 당신의 돈과 노력을 끌어들이는 흡입식 구조로 되어 있다.

따라서 부자가 되고 싶으면 프랜차이즈 본부가 되어야 한다. 새롭게 생각하라. 예를 들면, 술을 공짜로 제공하는 허브 돼지 갈비 음식점 본사를 만들 수 있다. 혹은 여성 미용사만을 고용한 여성 전용 미용실이나 남미의 아마존 강 근처에서 구해온 약초만 파는 건강식품 체인점을 만드는 것도 좋다. 이 외에도 아이디어는 수없이 많다. 이런 생각에 기초하여 본사를 만들면 된다.

다음으로 프랜차이즈 가게를 낼 때 임대료가 비싼 1층만을 고집할 것이 아니라 2층이나 3층, 심지어 지하도 고려해야 한다. 임대료가 싼 것이 초기에는 큰 도움이 되기 때문이다. 또한 가맹점주들이 오면 아예 초기 가맹점비를 받지 말고 그들 자신이나 부모, 혹은 친인척의 부동산을 담보로 본부에서 은행 차입을 얻어 가맹점을 오픈해 준다. 그들은 가맹점비 한 푼 없이 가게를 열 수 있다는 것에 환호할 것이다.

마지막으로 중요한 것은 차별화다. 다른 음식점들과 같은 음식, 다른 옷가게와 같은 옷은 팔지 말아야 한다. 본인이 먹는 음식, 본인이 입고 있는 옷을 보고 손님이 같은 것으로 달라고 할 정도가 되어야 부자가 된다.

이 정도로 새롭게 생각하고 남들과 다르게 행동해서 가맹점주들의 전폭적인 신뢰를 얻으면 프랜차이즈는 폭발적인 성공을 거둘 수 있다. 이때 목표는 '가맹점 100개 이상, 본부 연 매출 500억 원 이상'으로 매우 높게 정해야 한다. 이제 막 시작한 본부가 3년 이내에 가맹점 100개에 500억 원 이상의 연 매출을 달성하기는 아주 힘든 일이다.

그러나 목표는 높이 세울수록 좋다. 선배 프랜차이즈 사장들이 "말도 안 되는 소리 하고 있네. 요새 가게 빚도 많고, 사람들도 돈을 안 쓰는데 3년 만에 어떻게 가맹점 100개를 만들어?" 하고 비웃을 때 주저하지 말고 당신의 목표를 위해 최선을 다하라. 그러려면 적어도 하루에 18시간씩 일주일에 130시간 동안 일을 해야 한다. 이렇게 모든 시간을 가맹점 사업에 투자하더라도 자신이 즐기고 좋아하면 해낼 수 있다.

물론 3년 안에 목표를 달성하기는 힘들 것이다. 그러나 4년을 지나 가맹점이 70개를 넘어서면 당신은 1차적으로 성공한 부자라 할 수 있다. 초기 목표인 가맹점 100개의 80%인 80개에 근접하면 그때부터는 새로운 도약을 꿈꾸어야 한다.

이 대목이 중요한 포인트다. 80개에서 기존에 하던 방식으로 85개, 90개로 늘려갈 수는 있다. 그러나 이때쯤 되어 당신이 어느 정도 성공했다는 것을 내부와 주위에서 알게 되면 당신은 '보이지 않는 적들을 만든 것'이나 다름없다. 내부 직원들 중에서 일을 가장 잘하는 사람은 그만두려는 생각을 갖고 있을 것이다. 한 프랜차이즈 사장과 나눈 대화에서 이를 쉽게 알 수 있다.

"교수님, 그 브랜드는 제가 만든 것이나 마찬가지입니다."
"무슨 일이 있었습니까?"
"아, 제가 가정용품의 초기 사업을 시작할 때 사업부장으로 같이 있었던 여직원이 우리가 어느 정도 사업이 잘되니까 그만두고 나가서 독자적으로 차렸습니다."
"제가 그분을 얼마 전에 만났을 때 1800만 원짜리 이불을 판다고 하던데요."
"네, 저희는 같은 이불을 2000만 원 이상에 팔고 있습니다."

이와 같이 가장 무서운 적은 당신의 가족이나 부하 직원이다. 그러나 가족이 당신을 배신할 확률은 그다지 높지 않다. 당신이 배우자 몰래 다른 이성을 사귀는 기미만 보이지 않는다면 배우자는 당신 편이다. 그러나 피 한 방울 안 섞인 당신의 부하 직원들은 언제든 당신을 떠날 수 있다. 당신이 싫어서가 아니라 본인의 야심을 충족시키고자 그때까지 배운 것을 활용하여 새로운 일을 시작하려는 것이다.

또한 당신이 소유한 기존 가맹점들 중에서 상대적으로 규모가 큰 가맹점의 점주는 자체적으로 그 수를 늘려간다. "사장님, 요새 매출이 좋으니 동네에 하나 더 내겠습니다"라며 두 개, 세 개에서 심지어 다섯 개까지 늘려가는 가맹점주가 있다면 그는 당신의 가장 강력한 경쟁자가 될 수 있다. 프랜차이즈 계약 약관에 '동일한 사업주가 세 개 이상의 가맹점을 운영할 수 없다'는 조항을 빨리 만들었어야 한다. 없다면 이제라도 만들어라.

마지막으로 가장 경계할 것은 나태함이다. 가맹점을 80개 이상 가지고 있고 매출도 수백억 원 정도가 되면 마음이 느긋해진다. 물질적·정신적 여유가 생긴 당신은 대형 아파트를 마련하고, 외제차를 사고, 평일 오전에 회사에 들렀다가 골프를 치러 간다. 어렵게 부자가 되었다가도 쉽게 몰락하는 이유가 바로 이 때문이다. 지금 당장은 성공한 것처럼 보여도 자금을 제대로 관리하지 않으면 당신의 회사는 부지불식간에 도산에 빠질 수 있다.

목표를 80% 이상 달성하면 이전보다 더 높은, 전혀 새로운 목표를 만들어야 한다. 가맹점도 꽤 많으니 제조업을 같이 하는 방법도 있다. 공장 부지를 마련하고 새로운 시스템을 개발하다 보면 어느덧 가맹점의 수는 100개가 넘어 있을 것이다. 새로 시작한 제조업이 성장하려면 제조된 물품을 팔 곳이 있어야 하기 때문이다. 프랜차이즈 사업을 막 시작했을 때처럼 새로운 목표에 목숨을 걸면 당신도 부자의 길을 걸을 수 있다.

부자08훈

부는 권력이다, 올바르게 사용하라

우리나라는 전 세계의 부자 역사에서 두 번째 단계에 들어서 있다.

첫 번째 단계에 있는 아프리카 나이지리아의 어느 부자는 정권 유착으로 대규모의 국유 사업을 불하받아서 대한민국의 어떤 부자보다도 더 많은 부를 쌓았고, 전 세계에서 단일 도시로 백만장자가 가장 많은 러시아의 모스크바에도 정경 유착의 수혜를 받은 부자들이 즐비하다.

다행히도 우리나라는 2000년대를 넘어서면서 부를 스스로 창출해 가는 2단계에 들어서 있다. 그러나 이런 부를 상업적으로 이용하고 심지어 악용하는 사례가 생겨나 상처입고 피해받는 국민도 늘어나고 있다. 부의 3단계에 진입하면 부의 공유가 확산되면서, 부의 소유권과 사용권이 점차 분리되는 현상이 나타난다. 우리나라도 앞으로 정권이 서너 번 바뀌면 이렇게 될 것으로 예측된다.

부자란 자신만의 독특한 삶의 체험사를 쓰는 사람이다. 정신적 창조를 통해 물질적 풍요를 창출해 온 부자의 역사는 인류의 발전과 발걸음을 같이했다.

그런데 왜 부자를 향한 무차별 공격이 사회적으로 가속화되는 것일까? 이는 대다수 국민들의 눈에 부자 권력Affluent Power이 약자에게 사회적 굴종을 요구하는 억압적 메커니즘으로 비쳐지고 있기 때문인 것 같다. 부자가 아닌 사람들은 부자들이 정치를 주무르고, 그들이 원하는 방향으로 세상을 유도하며, 물질적 헤게모니를 움켜쥐려 한다고 인식하고 있다.

나는 부자 권력을 부자 개인과 부자 조직들이 비 부자 개인과 비 부자 단체에게 행사하는 힘으로 규정한다. 이는 크게 두 가지로 나뉘는데, 하나는 물질 통제Material Control로 행동 복종을 요구하고, 다른 하나는 존경 구매Respect Buying로 존경심을 갖도록 하려는 것이다.

국민들은 세상의 모든 것이 부자들만이 가진 물질적 통로를 통해 치밀하고 교묘하게 연결되어 있다고 믿고 있다. 예컨대 500원짜리 어묵으로 퇴근길의 피로를 푸는 서민들은 천문학적인 액수의 재산을 지닌 거부들이 왜 이런 서민 생계형 음식 사업에까지 뛰어드는지 도무지 이해할 수 없다. 1000만 원이 넘는 40년산 발렌타인 양주를 흘려가며 마시는 그들이 서민을 대상으로 한 밥장사라니. 물론 가치 창조를 통해 스스로 새로운 것을 만들어 가는 부분도 있을 것이다. 그러나 절제되지 않은 부자들의 돈에 대한 욕심은 세상에서 있는 자와 없는 자의 차이를 더욱 넓혀 가고 있다.

재산의 액수가 동그라미 열 자리가 넘으면 욕심을 자제할 줄 알아야 한다. 그것이 진짜 부자다. 남의 것을 탐내고 욕심을 부리다가 체면을 구긴 부자들이 한둘이 아니다. 미국에서는 1920년대에 소득세가 1%였다고 한다. 그런데 부자들이 다 해먹는다는 인식이 팽배해진 1960년대에는 소득세가 91%로 치솟았다. 그때 미국 역사상 양극화가 가장 적었다고 한다.

한편 존경 구매를 목적으로 하는 부자들도 적지 않다. 돈을 주면서 나를 존경하라고 무언의 압박을 넣고, 존경하는 것 같지 않으면 다음에는 돈을 주지 않는 것이다. 기부 구걸에 미소 지으며 응대하는 대가로 존경을 요구하는 부자의 강압적 행위는 사회적으로 바람직하지 않다. 단상에 오르기 전부터 박수 소리가 많이 나오기를 내심 기대하는 사이비 부자나 "사진에 내가 강의하는 모습이 적게 나온 것 같다"며 불평하는 부자의 모습은 이를 단적으로 드러내 주고 있다.

반면 한 사업가는 아버지가 독립군의 후예라는 것을 알고는 생각을 바꾸어 올바르지 않은 방법으로는 돈을 벌지 않겠다고 결심했다고 한다. 중국의 부자 기업가 천광뱌오陳光標 회장은 "기부를 통해서 세상이 조화로워질 수 있다"고 주장한다. 스스로 권력을 멀리하고 진정으로 물질적 풍요를 베푸는 이들이야말로 진정한 부자가 아닐까 다시 한 번 되새기며 반성해 본다.

2부
부자처럼 살지 말고 부자처럼 생각하라

부자09훈

벼랑 끝에서 배팅하라

"일곱 번을 실패해도 여덟 번째에서 성공하면 됩니다." 일본 최고의 부자로 등극한 유니클로의 회장이 한 말이다. 에디슨은 2000번이 넘는 실패에도 굴하지 않고 끝까지 시도하여 전기를 발명했다. 그렇게 설립된 GE는 전 세계 최고의 기업으로 성장하여 상당한 기간 동안 영광을 누렸다.

  실패할 것 같아서 못하겠다는 사람들은 부자가 되려는 꿈을 일찌감치 버리는 것이 낫다. 부자가 되는 것이 인생의 유일한 목표일 필요는 없다. 무소유로 세상을 살다가 떠났어도 국민 상당수의 존경을 받는 성철 스님과 같은 생을 목표로 삼아도 된다. 대한민국 네티즌들이 가장 존경하는 직업인으로 꼽는 소방공무원으로서 평생을 살아도 세상에서 충분히 인정받을 수 있다.

그러나 진정 원하는 일을 하고 싶어서 부자가 되려고 한다면 '실패를 즐겨라.' 일이 안 되는 방식으로는 수십 가지, 수백 가지, 수천 가지가 있다. 그러나 성공하는 방식은 몇 가지뿐이다. 예를 들어 보석에 대해 아무런 지식도 없는데 보석 전문점 사업을 시작하면 돈이 아무리 많아도 수없이 많은 실패를 경험하게 된다. 보석의 이름도 모르고, 속성도 모르고, 혹시라도 잘못 들여오면 장물을 매입한 혐의로 수사 기관의 조사를 받을 수도 있다. 보석을 다듬는 기술을 연마하면서 퇴근할 때의 보안까지 완벽하게 했다고 해도 경기가 나빠서 팔리지 않을 수도 있다. 그나마 있었던 부자 고객들이 해외로 나가서 구입하게 되면 또 안 된다. 이렇듯 당신의 보석점이 성공하는 길은 서너 가지밖에 없고(당신이 성공한 이후에 과거를 반추해 보면 알 수 있지만, 그 전에는 이 몇 가지를 거의 모른다) 실패하는 길은 수백 가지가 넘는다.

'아무리 해도 안 될 때 다시 방법을 바꾸면 될 수도 있다.' 실패를 뛰어넘겠다는 굳은 의지를 가진 사람들만이 부자가 될 수 있다. 당신이 막바지에 몰리면 그때가 최고로 배팅을 할 때다. 모든 것을 걸어라. 가장 중요한 것은 당신의 정신과 시간을 모두 거는 것이다. 마지막까지 궁지에 몰렸을 때 거의 모든 것을 걸어서 배팅한 기업체 대표들은 다음과 같이 말했다.

"교수님, 한때는 아주 잘나갔는데 폭삭 망하고 나니 제 주머니에 1000만 원, 가족의 몫까지 모두 합해 3000만 원이 남았습니다. 제가 왜 실패했는지 생각하고 또 생각한 끝에 브랜드가 약해서였음을 깨달았습니다. 당시에는 외국제 브랜드라도 싸게 살 수 있어서 2000만 원을 주고 이름만 빌렸죠. 그리고 다시 시작한 결과 그해에 100억 원 매출을 달성할 수 있었습니다."

"제가 가진 돈이 120만 원이었는데, 토스트용 철판을 구입하는 데만 100만 원을 들였습니다. 보통은 5만 원이면 살 수 있는데 토스트를 구울 때 가장 중요한 것이 철판이라고 생각한 저는 과감하게 100만 원을 투자했습니다. 그리고 장사가 잘되어 많은 돈을 벌 수 있었습니다."

물론 이렇게 배팅을 했어도 또다시 궁지에 몰릴 수도 있다. 그런데 그렇게 마지막에 크게 배팅을 하면 더 이상 실패하지 않는다. 자신의 진정한 마음과 땀 한 방울, 피눈물, 1분 1초의 시간과 전 재산을 모두 걸었기 때문이다. 내재되어 있던 거대한 잠재력이 꿈틀거리면서 당신을 새 길로 인도해 주는 것이다.

이 세상은 실패와 성공, 환희와 절망의 연속이다. 부자가 됐다고 해도 그 자식들까지 부자가 되는 경우는 거의 없다. '부자는

3대를 못 간다'라는 격언의 숨은 진의가 무엇일까? 부는 그 자체로 휘발성과 소멸성이 있다는 것이다. 1000억 원을 물려주어도 한순간에 빈털터리가 될 수 있고, 1조 원을 넘겨주어도 순식간에 빚더미에 앉을 수 있다. 대한민국 최고 재벌 창업주의 자식들이 아버지가 물려준 재산을 지키지 못하고 마지막에는 하루 한 끼마저 해결하기 힘들어 자살로 생을 마감한 것을 보면 쉽게 알 수 있다.

실패를 통해 배우고, 더 큰 도약을 꿈꾸는 것이 부자가 되는 길이다. 미국의 어느 호텔 회장은 한동안 상당히 많은 돈을 벌었다. 벌어들인 만큼 헤프게 쓰기도 했는데, 호텔에서 차의 뒷문을 열어 주는 사람에게도 팁을 상당히 많이 주었다. 그렇게 영원히 부자일 것처럼 돈을 쓰다가 얼마 못 가서 회사가 도산하고 말았다. 돈이 없어 싸구려 모텔방에서 햄버거로 끼니를 때우던 그에게 어느 날 누가 찾아왔다. "저를 알아보시겠습니까, 회장님?" 하는 목소리에 쳐다보니 예전에 자신이 소유했던 호텔에서 차의 뒷문을 열어 주던 사람이었다. "압니다" 하는 회장의 의기소침해진 목소리에 그는 말했다. "회장님이 그동안 주신 팁을 제가 다 모아 두었습니다. 되돌려 드릴 테니 재기하십시오." 결국 회장은 그 돈으로 예전의 부를 되찾았다고 한다. 실패를 뛰어넘을 수 있는 중요한 열쇠는 '실패의 가장 주된 원인을 확실하게 깨달을 수 있는가'다. 실패의 핵심 요인을 못 찾으면 당신은 그냥 포기해야 한다.

한 가지 사건을 수백 가지의 다른 각도에서 바라보고 생각해 보면 반드시 실패의 주된 원인을 찾을 수 있다. '내가 직원들을 너무 믿었어'라는 생각이 가장 먼저 떠오르면 일을 시작했을 때부터 함께한 직원들이 어떤 행동을 했는지 한 명씩 차근차근 반추해 보자. 돈을 빼돌렸거나 월급이 적다고 파업을 주도했거나, 근무를 열심히 하지 않았다면 당신은 그런 실수를 다시는 범하지 말아야 한다.

직원들을 믿을 수 없다면 두 가지 방법이 있다. 하나는 당신이 직접 하면 된다. 남에게 시키지 말고 스스로 이것도 하고 저것도 해보는 것이다. 보정 속옷인 스팽스Spanx를 처음 만든 여성은 기획에서부터 옷을 만들고 모델로 나서기까지 모든 것을 직접 주도했다. 우리나라에서 혼자 건설업을 시작해서 회장 자리에 오른 부자도 처음에는 모든 것을 혼자서 했다. 혼자 미용실 대표를 하고, 전파상도 혼자 꾸려 간 사람들이 이제는 부자가 되었다.

다른 방법은 가족들이나 친인척과만 일하는 것이다. 친구는 믿기가 힘드니까, 가족과 친척들로만 팀을 꾸려서 모든 것을 내부에서 하는 것이다. 돈을 뜯길 염려를 할 필요도 없다. 인건비는 최소한으로 주고, 이익이 남으면 공유하는 형태로 하는 것이 가능하다.

부자가 되고 싶으면 초기에 배팅하는 것이 아니라, 하다가 큰 어려움이 닥쳤을 때 크게 배팅하는 것이다. 일이란 항상 절박해야 성공할 수 있다. 끝까지 막판에 몰리게 되면 헤어 나오기 힘들어져 난관에 빠지게 된다. 이때 새로운 길을 찾게 되면 성공의 길이 보인다. 절박함의 끝으로 내몰려야 도전에 대한 의지가 생기면서 새로운 것이 만들어지는 것이다.

새로운 분야에의 도전은 단 한 번의 시도로 성공을 거두기 어렵다. 새로운 것으로 성공하려면 실패와 또 다른 실패, 그리고 악착같이 노력하고 도전하는 자세가 필요하다. 그래서 절박함이야말로 성공의 원동력이 될 수 있다는 것이다. 당신의 정신과 시간과 활동과 물질 모든 것을 바쳐라. 그러면 복이 굴러 들어올 것이다.

부자10훈

행운에 기대지 마라

복권은 가급적이면 사지 않는 것이 더 좋다. 꼭 사야 될 이유가 있으면 살 수도 있겠지만 일반적으로 사지 않는 것이 국가적, 정신적, 물질적, 가족적 측면에서 더 바람직하다. 기왕에 샀다면 즐겨라. 즐기는 방법에 대해서는 뒤에 이야기해 놓았다.

부패와 복권은 모두 정부가 빈자에게 주는 세금과 같은 것이다. 부패가 발생하면 부정부패 부자가 탄생하고 그로 인한 손해는 일반인들의 세금으로 충당한다. 부자가 내는 세금의 비율보다 일반인들이 내는 세금의 비율이 훨씬 높다.

복권을 사는 것도 빈자가 대부분이다. 극소수의 벼락 부자를 탄생시키기 위해 정부에서는 복권을 산 수많은 빈자들에게서 돈을 걷어 약 3분의 1은 세금으로 거두어 가고, 나머지는 세상을 위해서 쓴다고 한다. 결론적으로 복권을 사는 사람들은 이웃 돕기를 하는 것이다.

    복권은 국가에서 '복권에 당첨될 수 있다는 환상을 갖는 가난한 사람들에게 인위적으로 내리는 세금'이다. 부자는 복권을 잘 사지 않는다. 부자가 아닌 사람들이 복권을 구입한 금액의 30% 이상이 국가로 환원되어 좋은 일에 쓰인다. 이것은 복권의 사회적 효용이다. 그러나 나머지 60% 이상은 복권의 마력에 빠져서 지내는 일반인들과 가난한 사람들의 주머니를 터는 것이다.

    혹시라도 복권에 당첨되면 정신적으로 어떤 변화를 보일까? 당첨금 액수가 크면 복권 당첨자들 중 90% 이상이 하던 일을 그만둔다. 복권의 유혹은 너무나 달콤해서 한순간에 인간을 정신적 패배자로 만들 수 있다. '상사의 꾸지람을 들으니 나 혼자 편하게 살자'라는 생각과 함께 그동안 숨겨 왔던 나약한 모습이 드러나고 마는 것이다. 그러나 세계적인 거부들은 복권 1등에 수천 번 당첨될 만한 것보다 더 많은 재산을 가지고 있으면서도 대부분은 자신이 하던 일을 계속 한다.

    복권에 당첨되고도 하던 일을 그대로 할 수 있다면 열심히 사도 된다. 퇴직 후 아파트 경비원을 하면서 부녀회와 마찰이 생겨도 참고 지냈는데, 복권에 당첨되어도 부녀회와 웃으며 지내자고 결심할 수 있으면 사도 된다. PC방 알바는 지긋지긋하지만 그래도 이

일을 해서 언젠가는 PC방 체인점의 사장이 되겠다는 결심이 서면 복권을 사라. 이 정도의 마음가짐이 아니라면 복권에 당첨되었을 때 패가망신하고, 당첨되지 않으면 라면 값만 써버린 쓸모없는 행동을 한 것이다.

또 다른 심각한 문제가 있다면 복권은 현금으로 주어진다는 점이다. 복권에 당첨되어도 약 10년 동안 현금화가 불가능한 것이라면 복권은 상당한 효력을 발휘할 것이다. 그러나 생전 듣도 보도 못한 액수가 곧바로, 그것도 현금으로 내 통장에 고스란히 쌓인다는 것이 문제다. 악마의 유혹은 너무도 달콤하다. 한순간에 밀려들어오는 재물을 이성적으로 다스리지 못하면 바로 망한다. 복권에 당첨되자마자 타워팰리스에 찾아가서 무작정 집을 사겠다고 고집하여 시가보다 10억 원이나 더 비싸게 구입한 사람이 있었다고 한다. 재산을 현명하게 관리하는 능력이 있어야 오래도록 부를 누릴 수 있다.

그런 점에서 연금 복권은 상당히 좋은 복권 형태다. 당첨 액수가 커서 상당 기간 마음이 여유롭지만, 매달 들어오는 금액은 그렇게 많지 않아서 허랑방탕한 생활을 할 수가 없다. 물론 매월 당첨금이 들어오는 것이 확실하다면 이를 담보로 거액을 빌릴 수도 있다. 실제로 일부 금융 선진국은 이와 관련된 시스템이 마련되어 있다. 다행히도 우리나라 금융은 아직 그 정도까지 발전하지 못하여 미흡한 수준인데, 그 덕분에 연금 복권 당첨자는 유혹으로부터 보호를 받을 수 있으니 아이러니가 아닐 수 없다.

가족의 측면에서 봤을 때도 복권은 삶에 그다지 도움이 되지 않는다. 복권에 당첨되는 순간 당신에게 그렇게 많은 친척들이 있었는지 새삼 놀라게 될 것이다. 어머니의 이종사촌의 시아버지가 접근하고, 친할머니가 낳지 않은 배다른 삼촌의 처제에게 전화가 온다. 복권에 당첨된 사실을 이 세상의 어느 누구에게도 절대로 가르쳐 주지 않을 자신이 있으면 복권을 사라. 그러나 불행히도 당첨되기가 무섭게 금융 기관의 못된 사람들을 통해서 흘러나오는 정보는 눈 깜빡할 사이 세상에 알려진다.

이에 가족들은 심리적으로 압박을 받고, 결국은 가정이 파국에 이르는 경우가 비일비재하다. 예를 들어 당신과 20년 동안 같이 살면서 아무리 생활이 어려워도 절대 돈 이야기를 하지 않던 배우자가 있다고 하자. 그런데 복권에 당첨되니 처갓집의 동생이 사업을 하다 망한 이야기를 계속 늘어놓는다. 부담스럽고 지겨워진 당신은 집에 들어가기 싫어져 밖으로 겉돌게 된다. 이렇게 복권 당첨자들 중 상당수가 불미스러운 상황을 자초하여 가정을 무너뜨리는 경우가 많다고 한다.

역사는 거짓말을 하지 않는다. 물론 역사를 의도적으로 잘못 기록한 사람들 때문에 세상이 진실을 알지 못하는 순간은 있다.

그러나 복권에 대한 역사는 복권에 당첨되어 행복하게 사는 경우보다는 불행해진 경우가 너무나 많다는 것을 보여 준다.

그래도 복권에 미련이 남는다면 다음 두 가지 방법을 시도해 보는 것이 좋겠다.

첫째, 복권에 당첨되는 것보다 복권에 당첨될 가능성을 생각하며 일주일을 들떠서 지내겠다면 지금 당장 복권을 사러 가라. 복권 한 장을 지갑에 넣고 다니면서 '나도 당첨될지 몰라. 별 비전 없는 직장 생활이지만, 그래도 단비 같은 소중한 복권이 내 지갑에 있어'라고 생각하는 것이다. 당첨금이 가장 큰 로또 복권이 몇 달 동안 최고 액수가 당첨되지 않았다는 뉴스가 나오면 그때 딱 한 장만 산다. 친구와 둘이서 삼겹살에 소주를 먹고 한 병 더 먹자는 친구를 뒤로 한 채, 소주 한 병 아낀 3000원으로 로또를 사서 지갑에 넣고 다시는 열지 마라. 신문에서 혹시 1등 당첨이 안 되었다고 하면 그때 열어라. 1등이 당첨되었다고 하면 어차피 나는 아니니까 열지 말고, 그냥 '내 것이 2등은 되었을 거야' 생각하고 '나도 로또 부자다' 하며 그해를 마무리 짓자.

둘째, 혹시라도 복권에 당첨되었다면 절대로 흥분하지 마라. 먼저 거래하는 은행에 가서 대여 금고가 있는지를 물어보아야 한다. 이때 1억 원 정도 예금을 하거나 몇억 원 이상 빌려야 대여 금고를 만들 수 있기 때문에 은행 PB팀장에게 적당히 둘러대는 것이 중요하다. 아파트를 하나 사려고 해서 몇억 원을 빌릴 건데, 급하게 대여 금고가 필요하다고 하면 금고를 열어 줄 것이다. 그러면 PB 팀장이 밖에 있을 때 혼자 들어가서 CCTV에 찍히지 않도록 은행 봉투에 복권을 넣어 일단 금고에 넣어 둔다. 그리고 돌아가서 그냥 생각만 해라. '앞으로 어떻게 할까?'

반드시 지켜야 할 것은 이 세상 어느 누구도 당첨 사실을 알아서는 안 된다는 점이다. 나만 알고 있어야 한다. 그리고 흥분하지도 말아야 한다. 당첨금을 받으러 갈 때는 일단 직장에 월차를 낸다. 그리고 매우 수수한 옷차림에 색안경과 모자를 쓰고 대중교통을 이용하여 멀리서부터 걸어가서 아무 말 없이 그냥 받는다.

그리고 복권 당첨금을 예금 담보로 해서 바로 80% 정도를 빌린다. 개인 명의로 된 현금을 많이 갖고 있으면 혹시라도 은행원들이 뒤져 보았을 때 금방 알려질 수 있기 때문에 일단 예금과 대출의 균형을 맞춰 돈을 빌린다. 이렇게 대출받은 돈은 각기 다른 금융 기관 다섯 곳 정도(시중 은행 세 곳, 믿을 수 있는 저축 은행 한 곳, 새마을 금고 한 곳)에 즉시 나누어 넣는다.

이제부터 무엇을 할지 곰곰이 생각해야 한다. 혹시라도 가족, 친척, 친구들이 복권 당첨 사실을 눈치 채고 물어보면 거짓말을 할 수는 없으니 이렇게 말해 둔다. "일단 당첨은 되었습니다. 그런데 좋은 일에 대부분을 썼습니다." 그 이상은 다시 언급하지 말아야 한다.

상대방이 세 번 이상 이야기를 꺼내면 그냥 자리에서 일어나라.

너무 들떠 있지 말고 기존의 생활 패턴을 유지한 채 다니던 직장에 계속 다니고, 취미 생활도 하면서 냉정하게 생각해 본다. 주식 투자 경험이 있으면 시중 은행 한 곳에 맡겨 두었던 돈을 80% 정도 빼서 주식에 투자하라. 그렇다고 100% 다 투자해서는 안 된다. 예금 담보로 대출받은 것의 이자도 꽤 크니 80% 정도만 투자하고 나머지는 그대로 갖고 있다가 1년 치 적금 이자가 나오면 그것으로 예금 담보 이자를 갚으면 된다.

그리고 나머지 시중 은행 한 곳과 새마을 금고에 넣어 두었던 돈은 오피스텔이나 도시형 생활 주택을 매입하는 데 활용한다. 시중 은행 한 곳과 저축 은행의 돈은 그대로 놔두고 다시 생각해 보면 된다.

이렇게 실행할 생각이 있다면 복권을 사는 것도 정신적, 물질적, 가족적으로 바람직하다. 그러나 금전중독자Money Addict는 되지 말아야 한다. 돈에 굶주린 사람은 돈으로 망한다. 복권을 살 돈으로 좋은 일을 하자. 몇백 원짜리 연탄을 사서 나눠 주거나, 몇천 원짜리 배추 한 포기나 쌀 한 봉지를 사서 주민 센터로 들고 가는 것도 좋다. 10원짜리 동전을 모아 2500만 원을 기부한 사례가 세상에 알려졌다. 복권 만 장 정도를 살 돈이었으나 그 대신 선행을 베푼 것이다.

부자11훈

부자 멘토를 두어라

　부자가 갖고 있는 삶에 대한 철학과 행동 방식은 일반 사람들과는 약간 다르다. 생각의 방식이 다르고, 물질에 대한 촉각이 다르다. 빨리 부자가 되고 싶으면 부자에게 특별 지도를 받을 필요가 있다.

　어떻게 해야 가르침을 얻을 수 있을까? 무조건 부자에게 다가가 부탁하려고 해도 "부자 아닙니다" 하는 생뚱맞은 대답만 돌아온다. 부자는 의심이 많고, 웬만해서는 사람을 믿지 않으므로 족집게 과외를 받으려면 진심 어린 마음을 가지고 철저히 준비해야 한다.

　이때 부자라고 티를 내는 사람들은 만나도 도움이 안 된다. 스스로 부자라고 떠드는 사람들은 허풍쟁이거나 혹은 실제로 부자이기는 하지만 타인에게 관심을 받으려는 사람들이다. 이들은 빼어난 노하우를 갖고 있지 못한 경우가 태반이다. 부모로부터 물려받았거나 혹은 운 좋게 부자가 되었을 뿐이다. 우리가 찾아야 할 사람은 어려운 생활 환경에서 자라 온갖 고생을 하면서 산전수전 다 겪은 자수성가형 부자들이다.

누구든 살아가면서 알고 지낸 사람이 적어도 수십 명은 될 것이다. 그중 한두 명은 부자다. 주위의 아는 사람들에게 은근슬쩍 '지혜를 배울 만한 부자가 있는지' 수소문하면 의외로 많은 사람을 소개받을 수 있다.

이때 무엇보다 중요한 것은 첫 만남이다. 부자에게 '당신의 돈이 탐나서 이렇게 자리를 마련했습니다'라는 뉘앙스를 조금이라도 풍기면 절대 부자와 친해질 수 없다. 처음에는 다른 특별한 목적이 있는 것이 아니라, 좋은 분을 뵙고자 한다며 매개자에게 자리를 마련해 달라고 부탁한다. 그렇게 비싸지 않은 조용한 음식점에서 다같이 만나 한두 시간을 함께 보내면 그것으로 충분하다.

그런데 이렇게 처음 만난 부자에게 대뜸 다시 연락하고 싶으니 휴대폰 번호를 달라고 부탁하면 의심의 눈초리를 받을 수 있다. 명함을 못 받으면 할 수 없고, 명함을 받았는데 휴대폰 번호가 나와 있지 않다고 해도 어쩔 수 없다. 오히려 처음 만난 사람에게 휴대폰 번호가 다 적혀 있는 명함을 순순히 준다면 정말 부자가 맞는지부터 의심해 보아야 한다. 그 사람이 진짜 부자라면 선거에 출마하려는 생각을 가진 사람일 것이다. 마지막으로 파장하기 전에 부자에게 "오늘 말씀 잘 들었습니다"라는 말만 하고 미리 계산을 해 놓는다. "아니, 오늘 내가 내려고 했는데……" 하는 빈말이 나오더라도 한 번의 미소면 충분하다.

  군이 연락처를 알려고 하지 않아도 어느 정도 시간이 지나면 그 사람과 다시 만날 기회가 반드시 생긴다. 중간에서 소개해 준 사람과 계속 연락하고 그 사람도 부자와 꾸준히 인연을 이어가고 있다면 어떻게든 만날 수 있는 일이 생기기 때문이다. 소개해 준 사람에게 회갑이나 결혼식이 생길 수 있고, 부자가 새로 음식점을 개업할 수도 있다. 이렇듯 자연스럽게 만날 기회가 생기면 그때를 놓치지 말고 부자와 재회한다. 두 번 정도 만난 후에는 사회 공익을 위한 행사가 있을 때 부자를 초대해도 된다. 상공회의소에서 진행하는 봉사활동이라든지, 구청에서 주관하는 환경미화원들을 위한 행사에 같이 가자고 은근슬쩍 전하는 것이다. 그렇게 해서 몇 년 동안 열 번 정도 만나면 충분하다. 부자와 금방 친해지는 것은 도움이 안 된다. 한 사람을 3~4년 동안 여러 번 만나 보는 것이 좋다. 시간이 남으면 다른 부자들을 소개받으면 된다. 다섯 명에서 열 명 정도의 부자들과 적절한 관계를 유지하고 있으면 매년 몇 명씩과는 친해질 수가 있다.

부자를 멘토로 삼고자 할 때 무엇보다 유의해야 할 것은 부자의 돈을 필요로 하면 안 된다는 점이다. 부자에게 단 한 번이라도 돈이 필요한 낌새를 보이면 부자는 '아, 이 사람은 돈 때문에 나에게 의도적으로 접근했구나' 생각한다. 그동안 들인 노력이 모두 헛수고가 되고 마는 것이다.

부자들의 식견과 경험을 배우려면 촉각을 곤두세워야 한다. 내가 차마 알지 못하는 것을 부자는 알 수 있다는 점을 항시 유념한다. 또한 부자가 과거에 겪은 각종 경험을 통해서 배우는 것도 중요하다. 나에게 빼어난 견해를 제시하고 내가 겪어 본 적 없는 경험을 가르쳐 줄 수 있는 사람이면 충분하다.

동일한 문제에 대해 사회적으로 상반된 견해가 나타나는 것에 대해서 부자의 의견을 조심스럽게 물어보는 것도 좋다. 이때 부자의 견해를 듣고, 동감하는 면이 있으면 솔직하게 말하고, 그렇지 않으면 가만히 있는 것이 바람직하다. 부자에게 대놓고 말대꾸하는 것은 삼가야 한다. 부자는 '내가 최고다'라는 생각을 갖고 있어 자칫 잘못 말하면 자존심을 상하게 할 수 있기 때문이다. 그렇다고 억지로 아부성 공감을 표현하는 것은 오히려 역효과를 낼 수 있으므로 유의해야 한다.

부자도 사람이므로 필요한 것이 생긴다. 부자가 직접 해결하기 힘들어하는 정신적인 문제나 가족 문제로 곤란해하면 그 해결에 모든 것을 걸어라. 그러면 진짜 가까워질 수 있다. 부자가 무심결에 자녀들이 결혼할 나이가 되었음을 이야기했을 때 내 돈을 들여서라도 최고급의 배우자를 소개해 주면 부자의 은인이 될 수 있다. 어느 회사원은 오너의 가족 중 한 사람이 크게 곤경에 처했을 때 성심껏 노력해서 해결책을 찾아준 덕택에 회장 바로 아래의 직급에까지 오른 적이 있다고 한다. 부자가 아닌 사람이 부자인 회장의 문제를 해결한 것이다.

  10년 이상 꾸준히 부자와 연락을 주고받으면서 마지막까지 명심해야 할 것은 '돈에 관련된 이야기는 피해야 한다'는 것이다. 대부분의 부자들은 돈을 모으는 과정에서 산전수전을 다 겪는다. 그래서 가끔 자신에게 접근해 오는 사람들을 시험해 보기도 한다. 그것에 넘어가면 안 된다. 그냥 돈 이야기를 들으면 들은 채로 넘어가고 부자의 경험과 식견을 배우는 데에만 초점을 맞추어야 한다. 그러면 부자는 당신이 곤경에 처했을 때 꼭 필요한 맞춤형 해답을 제공해 줄 것이다. 그렇게 하면 당신도 부자가 될 수 있다.

부자12훈

가치 추구형 일에만 몰두하라

대부분의 사람들이 하는 일은 크게 두 가지로 구분할 수 있다. 가치 추구형 일과 시간 낭비형 일이다. 물론 중간의 형태로서 가치를 추구하다가 잠시 짬을 내어 재충전하는 시간을 가질 수도 있다. 그러나 대부분이 일은 자신의 미래에 도움이 되는 가치를 제공해 줄 수 있는 일과 사는 데 특별한 의미가 없는 일로 구분이 된다.

미래에 도움이 될 만한 일이란 자신이 추구하는 가치관에 부합하면서도 세상 사람들이 빠져들 수 있는 것을 의미한다. 예를 들면 스마트폰에 있는 복잡한 사진 조작 기능을 간략하게 하여 더 생생한 화질을 표현해 내는 앱을 만드는 데 기여하는 것은 가치 추구형 업무라고 볼 수 있다. 최종 목표가 내 이름으로 된 음식점을 차리는 것이고, 그것을 위해서 서울의 모든 맛집을 몸소 찾아다닌다면 그것 또한 가치 추구형 일이 된다. 이런 일들은 수없이 많다. 그러나 토익 시험을 위해서 영어 회화 학원에 등록하는 것이나 새로운 일을 찾는 것처럼 돈이 들어가는 일도 부지기수다.

대표적인 예로 우리나라에서는 결혼하는 데 비용이 너무나 많이 든다고 걱정한다. 부모들 중의 60%는 해 줄 만큼 했다고 생각하고, 결혼한 자녀들 중의 70%는 부모들이 충분히 해 주지 않았다고 생각한다. 그러나 결혼은 '신랑과 신부 서로의 미래 생활을 위한 약속'일 뿐이라는 것을 명심해야 한다.

세계적으로 통용되는 부자가 되는 가장 중요한 두 가지 원칙은 창조와 절약이다. 따라서 결혼식 역시 창조와 절약의 형태로 바꾸어 나가야 한다. 결혼식은 국공립 기관이나 지자체 회관에서 하고 하객들은 신랑신부의 공동명의로 되어 있는 펀드 통장에 자발적으로 축의금을 입금한다. 존경받는 부자가 무료로 주례를 서고, 식사는 신랑신부가 정성껏 준비한 한우 버거로 해결한다. 신혼여행은 산 속의 사찰로 가고 집들이는 하지 않아도 된다.

결혼식에 참석하는 하객들은 '결혼 당사자들의 미래를 축복해 주려는 사람들'이다. 그들은 돈 내고 밥을 먹으러 온 것이 아니다. 만약 그렇게 왔다면 그것은 일종의 거래다. 신랑이나 신부의 밝은 미래를 원한다면 그들이 필요로 하는 것을 도와주어야 한다. 신랑과 신부의 가장 친한 친구들은 10년 동안 해지가 불가능한 적립식 펀드를 신부와 신랑의 공동명의로 가입하게 하고 무기명으로 축하하는 마음을 담은 현금을 입금해 주는 것이다. 만약 10년 이내에 이혼을 할 경우에는 그 통장이 자동으로 국가나 믿을 수 있는 사회단체에 기부되도록 해 놓으면 10년의 투자로 한 쌍의 부자가 탄생하는 것이다.

한편 왜 군이 호텔에서만 결혼식을 하려고 하는지 이유들을 추측해 보면 다음과 같다. 첫째는 평소에 호텔에 가지 못하니 이럴 때라도 아는 사람들을 호텔로 초대하겠다는 의도일 수 있다. 혹시라도 친척 일가와 친구들에게 호텔 식사를 한 번 대접하겠다는 의도라면 부자가 된 이후에 하면 된다. 부자도 아닌데 왜 그 전에 비싼 호텔에서 밥을 먹어야 하는가?

둘째는 '내가 아는 누구도 호텔에서 자식들 결혼시켰는데……' 하면서 남의 시선을 의식하는 것이다. 그런데 이것은 부모의 자존심을 세우겠다는 것이다. 결혼식은 누가 하는가? 부모가 하는가, 자녀들이 하는가? 결국 이런 부모들은 자녀의 호화로운 결혼식을 통해 '한번 체면 좀 세워 보자'라고 세상에 알리려는 것이다. 그러나 오히려 진짜 부자들은 대부분 호텔에서 결혼식을 하지 않는다. 남들이 모르는 외진 곳이나 집에서 한다. 호텔에서 하는 것은 '신문에 기사화하려는 연예인들' 뿐이다. 당신의 자녀는 연예인이 아니다.

따라서 결혼과 결혼식 전후에 대한 개념을 완전히 바꾸고 부자가 되는 방식으로 다음과 같이 행해야 한다.

첫째, 약혼식은 전혀 필요하지 않다. 양가 부모와 가족들이 훌륭한 부자 가문이 되는 책들을 사 읽으며 야외에서 가볍게 저녁 식사를 하는 것으로 충분하다.

둘째, 결혼식장을 고를 때 무료로 대관해 주는 곳을 찾는다. 대한민국에는 이런 좋은 식장들이 충분히 많다. 무료 대관이 가능한 종교 시설도 많고, 아주 저렴한 시민 회관이나 구민 회관도 많다. 혹은 뜻있는 사람들에게 부탁하는 것도 좋은 방법이다.

셋째, 결혼식에는 진심으로 신부와 신랑을 축하해 줄 만한 사람들을 추려내 최대한 50명 내외로 초대하는 것이 바람직하다. 양가의 8촌 이내에서 아주 중요한 분들과 친한 지인들 다섯 명 이내 정도로 신랑과 신부를 믿고 축하해 줄 사람들이면 된다.

넷째, 주례를 돈을 주고 고용하면 이는 거래다. 주례는 새로운 가족의 탄생을 집례하는 사람이기에 행사를 진행하는 대가를 요구하면 안 된다. 신랑과 신부가 정성껏 준비한 선물을 가져오면 그것만 받으면 된다. 이때 선물은 물질적인 의미보다는 정신적인 교훈이 담긴 것이어야 한다.

다섯째, 결혼식 때 화환 대신에 쌀을 받아 나중에 사회단체에 기증한다. 신랑은 평소의 양복을, 신부는 한복을 입으면 된다. 괜히 웨딩 드레스를 빌려 입으면 버릇이 되어 다른 것들도 이것저것 빌리게 될 수 있다. 하물며 결혼할 때만 입을 수 있는 드레스를 돈을 내고 사는 것은 낭비이자 사치다. 다시 결혼할 생각이 아니라면 소박한 전통 한복 한 벌이면 충분하다.

여섯째, 하객은 축의금의 대가를 요구하면 안 된다. 축하란 대가를 요구하지 않는 행위다. 축의금의 액수는 남들이 모르게 하고 축의금을 신부와 신랑에게 직접 전달하는 것이 바람직하다. 그렇지 않으면 부모가 겉치레용 예식 비용으로 사용할 수도 있다.

일곱째, 식사는 신랑과 신부가 손수 만든 것으로 해결한다. 쓸데없이 돈을 쓰지 말고 감사의 마음을 담아 정성껏 준비하여 대접하면 된다. 신혼여행은 굳이 갈 필요 없이 그날 밤에 부부가 사전에 준비한 신혼집으로 가도 충분하다.

결혼식은 미래형으로 하라. 미국에서는 20대에 시작해서 40대 후반에 주로 부자가 되지만, 우리나라는 대부분 50대에 부자가 된다. 그런데 젊을 때 출발하면 20년 정도의 시간이 남는다. 결혼식은 그 미래의 20년을 준비하기 위한 첫 발걸음이다.

결혼식은 신랑과 신부에게 안정적인 출발점을 제공한다. 양가 부모뿐 아니라 아주 가까운 친척들과 친한 친구들은 금액을 어느 정도 모아서 신부와 신랑에게 전해 줄 필요가 있다. 물론 각자의 경제 사정을 고려해서 자발적으로 하는 것이 바람직하다. 이렇게 모은 돈으로 신혼부부 명의의 아파트를 사게 한다. 걷은 돈으로 일부를 충당하고, 나머지 일부는 금융 기관에서 빌려 부부가 아끼면서 벌어서 갚으면 된다. 그리고 다른 사람이 결혼할 때 신랑과 신부는 반드시 보답해야 한다. 여기에는 결혼을 장려하는 의미가 있다.

부자가 되려고 혼자 애쓰는 것보다는 부부가 힘을 합치면 그만큼 부자 되기가 수월해진다. 따라서 혼자였던 사람들도 결혼을 하면 부모와 친인척과 친구들에게서 스타팅 머니를 지원받을 수 있다. 결혼식 비용을 수백만 원대로 낮추고, 무이자와 무담보의 스타팅 머니를 몇억 원 정도 모은다면 부자가 되기 위한 첫 발걸음을 내딛는 부부는 보통 부부들보다 부자가 될 확률이 열 배 이상 높은 것이다.

시간 낭비형 일에는 돈을 쓰지 마라. 적게 쓰면 쓸수록 당신은 빨리 부자가 될 수 있다. 가치 추구형 일에는 얼마든지 써도 된다. 부족하면 빌려서라도 써라.

가치는 새로운 것을 만드는 것이다. 여행업에 종사하거나 사진업에 종사한다면 자연의 총천연색이 가득한 곳으로 신혼여행을 가는 것도 좋다. 그만큼 자신이 하는 일에 도움이 되기 때문이다. 그러나 일반 직장인이나 외식업, 유통업, 서비스업에 종사하는 자영업자, 혹은 전문직에 종사한다면 신혼여행은 그냥 시간 낭비형 일이다. 오히려 신혼여행을 가지 않고 나중에 부자가 되고 나서 전 세계 크루즈 여행을 떠나는 것이 더 나을 수 있다.

새로운 가치를 추구하는 데 모든 신경을 쏟아 부어라. 대형 저술가로서 책을 써서 돈을 벌고 싶다면 얼마든지 책을 사도 된다. 그러나 당신이 반도체 설계를 하거나 주식 투자를 전업으로 삼는 사람이라면 책은 되도록 보지 말아야 한다. 책을 보면 남의 것을 따라 하게 된다. 직접 반도체를 보며 탐구하고, 주식 시세판을 보며 규칙을 찾는 것이 좋다.

자동차를 살 때도 새 차는 가급적이면 사지 않는 것이 좋다. 자동차는 구매 후 1~2년 이내면 값이 떨어진다. 그런데 자동차 세금과 보험료는 매년 나오고, 기름값도 올라간다. 꼭 새 차를 사야 한다면 출고한 지 석 달 정도 지난 차를 문의하면 꽤 저렴한 가격으로 구입할 수 있다. 아니면 1~2년 된 중고차를 믿을 만한 사람에게서 사면 된다. 비싼 속옷도 전혀 필요 없다. 당신이 세계 최고의 명품 속옷을 입어도 그 가치를 알아줄 사람은 당신과 당신의 배우자뿐이다. 세상에는 구멍 난 속옷을 기워 입는 부자들도 많다. 비싼 속옷은 단지 속옷 디자이너들의 자랑용 신제품일 뿐이다.

남들에게 보여 주기 위한 소비 대신 자신의 미래를 위해 투자하라. 불필요한 소비를 줄이면서 자기개발도 할 수 있으니 이것이야말로 일석이조가 아니겠는가.

부자13훈

투자의 기본은 3개의 통장이다

부자가 되고 싶다면 통장을 세 개 만들어라.

첫 번째 통장은 가족에게 절대로 보여 주지 말고 본인만 알고 있어야 한다. 내가 따로 돈을 갖고 있는 것을 알게 되면 가족들이 욕심을 부릴 수 있다. 그뿐 아니라 은연중에 그 돈이 마치 자신의 것인 양 사용하려는 생각을 한다. 이것이 문제다. 따라서 본인이 직접 관리하는 통장을 만들고 이것을 몰래 보관해 두어야 한다. 어디가 가장 좋을까? 집 안에 두는 것은 위험하다. 누군가 청소하다가 알게 되거나, 평소에 주로 사용하던 공간을 뒤지면 바로 찾을 수 있기 때문이다. 따라서 최적의 장소를 찾으려면 일단 집에서 벗어나야 한다. 우체국 사서함은 쉽게 떠올릴 수 없는 장소라는 측면에서 유용할 수 있다. 그러나 사서함에서 통장을 넣거나 빼는 것을 누군가가 알아챈다면 범죄가 발생할 수 있다. 통장을 들고 있어도 이상하지 않은 곳은 통장을 발급해 주는 금융 기관이다.

그곳에는 대여 금고가 있다. 대여 금고의 종류로는 지문형과 열쇠형이 있다. 지문형은 시간이 지나면 잘 인식되지 않는 경우가 있기 때문에 되도록 열쇠형을 사용하는 것이 좋다. 내 손가락의 지문을 복사해서 갖고 다니며 사용하기는 어렵다. 반면 움직이기 힘든 상황일 때 가장 믿을 수 있는 사람에게 열쇠와 비밀번호를 가르쳐 주면 언제든지 활용이 가능하다.

가끔은 수표를 인출해서 대여 금고에 그 은행에 맡긴 돈이 들어 있는 통장과 함께 넣어 두는 습관도 필요하다. 나중에 내가 거부가 되었을 때 갖고 있는 모든 돈을 통장에 넣으면 은행에서 바로 알 수 있다. 부자들 중에는 이자를 손해 보면서도 수표를 대여 금고에 넣어 두는 경우가 의외로 많다. 원금의 존재 자체를 세상에 알리지 않는 것이 더 중요하기 때문이다.

대여 금고에 넣어둔 통장의 돈은 가급적이면 사용하지 말아야 한다. 적금이든 일반 예금이든 그냥 있는 돈이라고 생각하자. 돈이란 버는 것보다 쓰는 것이 적어도 세 배 이상 쉽다. 세상에는 돈 쓰는 것을 아주 쉽게 생각하는 헤픈 사람들도 있다. 이런 생각을 갖고 있으면 부자가 되기 힘들다.

다음으로 두 번째 통장을 만들어 집 안에 있는 서랍에 보관한다. 통장에 어느 정도만 돈을 넣어 두고 가족들도 자연스럽게 그 존재를 알 수 있도록 한다. 가족들이 통장에 그다지 돈이 많지 않음을 알게 되면 절대로 헤프게 쓰지 못할 것이다. 세계적인 거부 빌 게이츠는 자녀들에게 일주일에 1달러의 용돈만 줘서 그 자녀들은 거부로 소문난 아버지에게 실제로는 돈이 별로 없다고 생각했다고 한다. 빌 게이츠는 돈의 존재를 아는 순간 인간의 더러운 탐욕이 발동한다는 것을 누구보다 잘 알고 있었다.

월급을 받으면 이 두 번째 통장에 넣어 두다가 돈이 어느 정도 모였을 때 대여 금고에 있는 통장으로 이체시키는 것만 잊지 않으면 된다. 단, 중요한 것은 이 통장을 만든 은행과 대여 금고에 있는 통장의 은행이 같아야 한다는 점이다. 혹시라도 신변에 문제가 생기면 가족들이 이 서랍 속 통장의 돈을 찾으러 갔을 때 대여 금고에 있는 통장의 존재도 쉽게 알 수 있기 때문이다.

세 번째 통장은 가족 공유 통장으로 만든다. 이 통장에서 생활비뿐만 아니라 관리비와 학비 등의 돈이 나가야 한다. 가족 공유 통장을 만들어 가족들에게 통장의 돈이 얼마나 빨리 나가는지 알 수 있게 하는 것이 중요하다. 물론 가족이 다함께 공동 가계부를 쓰는 방법도 있다. 그러나 서로 하는 일이 많고 시간도 많지 않아 현실적으로는 불가능하다. 반면 가족 공유 통장을 만들어 월

초의 잔고와 월말의 잔고를 비교해 보기만 하면 한 달에 얼마나 소비하는지를 가족들이 쉽게 알 수 있다. 그뿐만 아니라 항목별 지출 내역도 한눈에 알 수 있기 때문에 가족의 재산을 잘 관리할 수 있다.

이때 문제가 되는 것은 가족 공유 통장이 헤프게 사용되면 어느 누구도 책임을 지지 않으려고 한다는 것이다. 이를 방지하려면 통장에서 지출된 항목 옆에 사용한 가족의 이름을 연필로 표시해 두는 것이 좋다. 예를 들어 아빠는 1번, 엄마는 2번, 큰딸은 3번, 작은아들은 4번, 가족 공유는 5번으로 정하여 통장 옆에 숫자를 기입하면 누가 가장 많이 썼는지 비교적 쉽게 파악할 수 있다.

부자14훈

은행에 대한 두려움을 떨쳐라

 우리나라의 어느 누구도 은행을 통제하지는 못한다. 현대건설 인수 과정에서 현대자동차가 외환은행과의 거래를 끊으려 하자 외환은행이 일부 굴복한 사례가 언론에 보도된 적이 있다. 그러나 이보다 더 심하게 은행을 통제하려고 하더라도 실제로는 성공하기 힘들다. 은행은 프로 중의 프로다.

 은행은 선뜻 당신에게 돈을 빌려 주면서 머지않아 빌려 준 돈의 이자까지 요구해 온다. 당신이 신용 불량자가 되는 위험마저도 감수하겠다면 단기간에는 은행의 독촉을 피할 수 있다. 하지만 결국에는 다른 은행들에 덜미가 잡히고 만다. 은행을 이겨 보려고 하면 안 된다. 재벌 그룹 회장이라 하더라도 은행에는 함부로 권력을 행사하지 못한다.

은행에서 빌린 원금은 확실히 여러 가지로 도움이 된다. 집을 장만할 수 있고, 도시형 생활 주택을 매입하여 임대 놓는 데에도 활용할 수 있다. 그러나 이자는 다르다. 매달 내야 하는 이자에서 벗어날 수 있다면 하루하루가 행복할 것이다. 이때 한 가지 방법이 있다. 다음 달에 낼 이자를 매월 말일에 통장에서 찾아 챙겨 두면 된다. 이렇게 은행 이자를 미리 빼서 충당금처럼 관리하면 통장에 남은 금액이 어느 정도인지 알 수 있다. 이 돈이 내 돈이다. 물론 이 중 은행에서 빌린 원금은 내 것이 아니지만, 원금은 어떻게든 활용되고 있으니 크게 문제될 것은 없다.

중요한 것은 은행에서 돈을 많이 빌리면 빌릴수록 신용 등급이 올라간다는 사실이다. 은행은 기본적으로 돈을 빨아들이는 구조를 가지고 있기 때문에 돈이 새어 나오는 곳에 높은 점수를 준다. 그러므로 될 수 있는 대로 많이 빌리는 것이 좋다. 이 세상에서 빚이 하나도 없는 부자는 거의 없다. 남에게 빌린 돈을 최대한 활용함으로써 더 많은 돈을 벌어 부자가 되는 것이다. 오로지 본인이 가진 돈만으로 큰 부자가 될 수 있다고 생각한다면 오산이다.

돈을 빌릴수록 이자율은 올라간다. 부채가 많아지면 은행 입장에서는 그만큼 손해 볼 확률이 높아지기 때문에 은행 이자율도 높아지는 것이다. 그러나 그와 비례해서 당신이 부자가 될 가능성도 점차 높아진다는 사실을 명심하자.

아무리 돈을 많이 빌리더라도 은행 이자가 빠져 나가기 전달 마지막 날에 그 이자만큼을 충분히 감당할 수 있다면 빌리는 것을 겁낼 필요가 없다. 오히려 도전적으로 은행을 찾아가는 것이 더 현명하다.

부자15훈

진실로 진실로 시간은 금이다

"일주일에 100시간 근무하라."

과거에 스티브 잡스가 애플사의 직원들에게 내린 엄명이었다. 미국에서는 하루에 8시간씩 주 5일 근무제가 확립되어 있어 일반적으로 주당 40시간 정도 일한다. 그런데 왜 스티브 잡스는 100시간을 일하라고 했을까? 부자가 되려면 근면해야 한다는 것을 깨닫고, 직원들도 부자가 될 수 있도록 아침 일찍 출근하고 저녁 늦게까지 근무하라고 한 것이다.

우리나라의 많은 부자들도 크게 다르지 않다. 그들은 새벽 4시면 어김없이 일어나 하루를 시작한다. 많은 일을 하고도 시계를 보면 고작 아침 9시다. 남들이 허겁지겁 하루를 시작하는 동안 그들은 숨은 경쟁력을 쌓은 것이다.

부자가 되고 싶다면 새벽에 일찍 일어나 부지런하게 움직여야 한다. 물론 사회 구조상 부자가 되기 힘든 것은 사실이다. 그러나 이를 부자가 못 되는 절반의 이유라고 했을 때 다른 절반의 이유는 개개인에게 달려 있다고 할 수 있다. 부자가 생겨나는 것을 꺼리는 기존의 부자들이나 사회가 만들어 놓은 유리벽 때문에 부자가 되기 어렵다는 생각을 극복하려는 노력이 필요하다. 그러려면 시간을 아껴서 사용하고 부자가 되고자 하는 데 온갖 노력을 쏟아 부어야 한다.

혼자서 식사를 할 때는 10분이면 충분하다. 비싸지 않고 아주 간편하면서 요기가 될 수 있는 것들로 끼니를 해결한다. 신문을 보거나 스마트폰으로 새로 나온 소식들을 검색하면서 먹으면 일석이조다. 하루에 한 끼만 잘 먹으면 생활에 큰 무리는 없다.

많은 사람들이 TV에서 방송하는 재미있는 프로그램이나 현란한 안무와 노래를 소개하는 프로그램에 주목한다. 그러나 그런 프로그램을 아무리 많이 보아도 부자가 되는 것과는 관련이 없다. 하루에 한 번 정도 뉴스를 보거나 스마트폰 검색창에 뜨는 제목만 보아도 우리나라에서 그리고 전 세계에서 어떤 일이 벌어지고 있는지를 쉽게 알 수 있다.

그런데 대부분의 사람들은 TV를 틀어 놓고 다른 일을 할 때가 꽤 많은 것 같다. 거실에서 TV를 보다가 친구에게 전화가 오면, 통화는 방에서 하면서도 거실의 TV는 그냥 켜 놓는다. 혹은 이리저리 빨랫감을 들고 다니면서도 TV를 그대로 켜 두고, 심지어는 잠깐 집 앞에 나갈 때도 TV를 켜 둔 채로 갔다 오곤 한다. 그러나 이렇게 굳어져버린 습관들은 부자가 되는 데 걸림돌이 된다.

시간을 보내는 가장 쉬운 방법 역시 TV를 틀어 놓는 것이다. 그러니 이렇게 TV를 무심결에 지기 보다 보면 TV에서 제공되는 정보를 일방적으로 흡수하게 되어 상상력과 창의력이 줄어든다. TV를 '바보 상자'라고 하는 이유가 바로 여기에 있다. 그 누가 되었든 틀에 박힌 생각을 할 수밖에 없도록 만드는 것이다. 예를 들어 시청률이 높은 프로그램은 많은 사람들이 본다는 것인데, 당신이 그 방송을 보고 아이디어를 얻었다고 한다면 다른 사람들도 비슷한 생각을 갖고 있을 수 있는 것이다.

전 국민이 즐겨 보는 프로그램을 같이 보면서 새로운 것을 찾아내기란 매우 어렵다. 새로운 것이란 다른 사람들이 생각하지 못한, 다른 사람들이 볼 수 없었던 것에서 발견할 수 있기 때문이다. 이렇게 타인과 비슷해서는 돈을 벌기 어렵다. 사람들은 혼자서 충분히 할 수 있는 일을 굳이 돈을 주면서까지 남에게 시키지는 않기 때문이다. 대개는 혼자서 할 수 없거나 할 수는 있지만 시간과 비용을 절약하고 싶을 때, 혹은 새로운 시각이 필요할 때 돈을 사용한다.

따라서 기본적으로 TV를 보는 시간은 줄이고 인쇄 매체들을 자주 접해야 한다. 그중에서도 전문 잡지를 보는 것이 도움이 된다. 가구 전문 잡지, IT 전문 잡지, 여성 전문 잡지 등을 보면 그 분야에 대해 깊이 알 수 있으면서도 세상을 보는 시각이 넓어진다.

보지도 않는 TV를 그냥 켜 놓은 채로 다른 일을 하다 보면 의도치 않게 멀티태스킹Multi-Tasking(한꺼번에 여러 일을 동시에 하는 것)이 된다. 친구와 통화하다가도 TV에서 나는 큰 소리에 잠깐 귀 기울이는 사이 대화의 맥이 끊긴다. 혹은 아침 방송을 보며 가족들의 아침 식사를 준비하다가 양념을 맨 밥에 그냥 뿌리는 경우도 있다. 이처럼 대부분의 사람들은 싱글태스킹Single-Tasking(한 번에 한 가지 일을 하는 것)에 익숙하기 때문에 한 가지 업무만 해야 집중력이 올라간다. 따라서 멀티태스킹은 고도의 훈련을 받은 사람이나 스스로 방법을 터득한 사람들이 하는 것이 바람직하다.

그뿐만 아니라 보지도 않는 TV를 틀어 놓고 학교 가는 자녀를 배웅하면 부모에 대한 자녀의 믿음이 떨어지게 된다. "얘, 너는 왜 공부도 안하고 스마트폰만 연신 쳐다보고 있니?" 하고 어린 자녀들에게 소리쳐 봤자 그들은 '엄마도 음식 만들 때 TV 틀어 놓고 보면서……'라고 생각할 것이다. '엄마나 잘해'라고 차마 말하지 못하는 자녀들의 반항심을 엄마가 직접 자극하는 꼴이다.

사실 하루에 한두 시간 더 TV를 틀어 놓는다고 해도 비용 면에 있어서 한 달 치 케이블 요금과 전기 요금은 크게 늘지 않는다. 문제는 쓸데없이 TV를 켜 놓는 사람의 마음가짐이다. 깐깐한 부자들과 식사를 해보면 공통점을 발견할 수 있다. 그들은 어떤 상황에서든 밥알 한 톨도 남기지 않는다. 밥알 몇 개쯤이야 돈으로 따지면 10원도 채 안 될 것이다. 그러나 여기서 중요한 것은 부자들이 스스로 밥을 남기지 말자고 다짐하고 가족과 이웃들에게까지 알리는 자세다. 필요치 않은 낭비는 최소한으로 줄여야 부자가 될 수 있다. 하물며 다른 일을 하면서 보지도 않는 TV를 켜 놓는 것은 어느 모로 보나 비효율적이다. 무엇보다 중요한 것은 쓸데없이 방해가 되는 요소를 최대한 줄이는 것이 자신에게 유익하다는 사실이다.

  이렇게 일찍 일어나 밥 먹는 시간을 줄이고 TV를 멀리하면 그만큼 활용할 수 있는 시간이 많아진다. 이 소중한 시간을 스스로 새로운 것을 만들어 내는 데 사용한다면 보다 성숙하고 발전한 자신의 모습을 발견할 수 있을 것이다.

부자16훈

간절하다면 CEO에게 직접 자신을 어필하라

부자가 되려면 당신이 스스로 만든 일을 100% 통제하면서 추진할 수 있는 정도가 되어야 한다. 남의 일만 해서는 부자가 되기 어렵다. 물론 재벌 회장의 비자금을 관리해 주거나 이혼한 거부 할아버지와 친해지면 일부를 증여받을 수도 있다. 그러나 전 세계 부자들 대부분은 스스로 일을 개척하면서 부의 길로 들어설 수 있었다.

20~30대의 젊은 나이라면 지금 창업을 할 수도 있고, 일단 회사에 다니면서 사업을 준비할 수도 있다. 혹은 그 사이에 결혼을 했다면 배우자와 맞벌이를 하면서 한 명의 월급으로 생활을 하고, 다른 한 명의 월급으로는 새로운 일을 준비하는 것도 좋은 방법이다.

일단은 당신이 하고 싶은 일을 다루는 회사를 찾는 것이 중요하다. 굳이 대기업이 아니어도 되고, 대기업의 작은 계열사라면 더욱 더 좋을 수 있다. 아니면 알찬 중소기업에 취직하는 것도 좋은 방법이다. 이렇게 가고 싶은 회사를 다섯 개 정도 정한 후에 각 회사의 오너나 CEO에게 당신의 현재 능력과 잠재력을 보여 줄 수 있는 잘 정리된 이력서와 실행 계획서를 배달 및 내용 증명 우편으로 보내면 된다.

미국의 경우에는 법률 절차들이 워낙 많고 법 처리가 간편하기 때문에 배달 및 내용 증명 우편을 받아도 별로 놀라지 않는다. 그러나 우리나라에서는 자신 앞으로 배달 및 내용 증명 우편이 오면 대부분 깜짝 놀란다. 대개는 '무슨 소송거리가 있었나?' 하고 눈을 크게 뜨면서 봉투를 열어 볼 것이다.

이렇게 서류를 보내면 아마도 세 군데의 오너나 CEO는 불쾌한 반응을 보일 것이다. "고작 일자리 하나 부탁하면서 감히 내용 증명으로 보내다니……" 하며 서류들을 찢어버릴지도 모른다. 그러나 적어도 한 명 정도는 당신의 당돌함에 관심을 보일 수도 있다. '얼마나 급했으면 내용 증명으로 보냈을까?' 혹은 '이 정도의 도전 정신과 무모함을 가진 사람이라면 잘 안 풀리는 일을 맡겨도 금방 해결할 수 있지 않을까?'라고 생각할지도 모른다.

한 달 정도 기다렸는데도 아무런 연락이 없으면 다시 다섯 군데를 골라 이력서의 내용을 조금 더 보강하여 배달 및 내용 증명 우편으로 보낸다. 그리고 이전에 서류를 보냈던 다섯 개 회사의 사장실 비서에게 전화하여 사장님과의 통화를 요청한다. 누구냐고 물으면 "사장님이 나를 꼭 만나고 싶어 하실 것인데 목요일 오후와 금요일 오후에 시간을 내어 찾아뵙고자 한다"는 메시지를 남긴다. 그러면 바로 서너 곳에서는 오지 말라는 답신이 올 것이다. 답을 주지 않는 곳이 있다면 그날 바로 찾아가 만나면 된다.

이렇게 노력한 결과 운이 좋으면 그중 한 곳에 취직이 될 것이다. 그러나 언젠가는 떠날 것이므로 이 회사가 새롭게 추구해야 할 것들이 무엇이며, 그것들을 내가 맡아서 할 수 있는지 끊임없이 탐구해 보아야 한다. 자신의 생각을 가다듬으면서 새로운 것을 찾기도 하고, 전혀 모르는 사람이나 생기가 넘치는 사람들과의 면담을 통해서 새로운 것을 찾을 수도 있다. 그러다 좋은 기회가 있으면 과감하게 나오면 된다.

그러나 최악의 경우에는 등기 우편 값만 날렸다고 아까워할 수도 있다. 그러나 당신의 능력을 몰라주는 회사라면 굳이 들어가려고 구걸할 필요가 없다. 이런 과정을 통해서 전혀 알지 못하는 사람들에게 쉽게 접근할 수 있는 방법을 스스로 터득할 수 있으니 손해 보는 것은 아니다.

무작정 억울해하지만 말고 나의 진정한 능력을 알아보지 못한 회사를 떠올리며 복수심(무시당한 10통의 우편에 들인 노력에 대한 아쉬움)을 다져라. '당신은 미래에 큰 부자가 될 나를 무시했다. 나는 반드시 새로운 일을 개척하여 당신의 회사를 인수하겠다'는 '창조적인 복수심'은 부자를 꿈꾸는 인생에 큰 자극이 될 것이다.

3부
부자는 열정과 탐구정신에서 탄생한다

부자 17훈

제대로 빚지고 열심히 갚아라

　거부든 일반 부자든 빈자든 대부분의 사람들은 빚을 지닌 채 세상을 살아간다. 그중에서도 특히 거부들은 '남의 돈으로 돈을 더 버는 사람들'이다. 자신이 가지고 있는 담보를 활용해서 은행 돈을 빌리거나 주주의 돈으로 기업을 발전시킨다. 그래서 부자들은 빚지는 것을 즐긴다. 이때 '즐긴다'는 의미는 자신들이 통제할 수 있는 한도 내에서 빚을 지는 것을 의미한다. 그들은 자신이 통제하지 못하는 빚은 교수대의 밧줄과 같이 자신의 목을 점점 조여 온다는 것을 누구보다도 잘 알고 있다. 이렇게 부자들은 빚을 적절하게 통제하면서 원금을 효율적으로 늘릴 수 있는 방법을 스스로 터득하여 이를 실행에 옮긴다. 나는 이것을 '부채 내부화Debt Internalization'라고 정의한다.

최근에 가계 빚이 천문학적으로 늘어나 1000조 원 정도가 된다고 한다. 가계 빚에 경제가 불안하다는 이야기가 나온 지도 오래되었다. 그런데 현재 빚의 상당수는 부동산 담보 대출로 인한 것이다. 누가 한 것인가? 부자나 중산층이다. 그리고 신용 대출도 일부 있는데 이것 역시 부자나 중산층이 주로 받은 것이다. 이처럼 대부분의 부자들은 빚을 잘 활용한다. 수십 조 원에 달하는 재산이 있어도 부동산을 살 때는 꼭 금융 기관을 활용한다. 여러 이유가 있지만 가장 큰 이유는 부동산 사기를 방지하기 위해서다. 은행에 돈을 예금해 두고 부동산을 사는 데 일부를 예금 담보나 부동산 담보로 빌리게 되면 은행이 나서서 부동산을 조사한다. 이렇게 은행이 보호해 주기 때문에 사기를 당할 염려가 없는 것이다.

눈앞의 이익만 생각해서 무턱대고 빌려 놓고 빚을 만들면 결국 빚의 함정에 빠져 헤어 나오기 힘들어진다. 빚의 함정에 빠지지 않으면서 남의 돈을 가지고 돈을 더 버는 부자들의 인생 철학은 아주 심오하다. 부자들은 현재 가지고 있는 자산의 3분의 1 정도를 담보로 제공하고 먼저 빌린다. 그리고 그것을 통해서 수익을 내면 다시 담보를 늘려가면서 더 빌린다. 그러나 갖고 있는 담보에 한계가 있으면 어떠한 경우라도 빌린 돈을 그 즉시 갚는다. 즉, 빚의 레버리지leverage 효과를 느낄 수 있는 정도만 빌리는 것이다. 확실하게 수익이 보이는데 현재 투자하기에 충분하지 않으면, 은행에서 돈을 빌려 투자를 하고 그 투자가 열매를 맺을 때까지 자신의 비용을 줄인다. 비용을 늘리지 않으면서도 빚을 갚을 수 있는 한도 내에서 시간을 벌어 수익을 올리는 것이다.

많은 서민들이 빚의 함정에 빠지는 가장 기본적인 이유는 자신의 소득보다 더 많은 것을 빌리기 때문이다. 감당할 수 있는 한도 내에서 빌리면서 재산을 늘리고자 한다면 자신만의 원칙을 만들어야 한다. 그리고 그 원칙들을 반드시 지켜야 한다. 먼저, 원금은 되도록 갚지 말고 이자만 갚도록 한다. 많은 사람들이 집값을 갚는 것을 걱정하여 집을 사지 않는다. 그러나 생각의 방향을 달리하면 크게 문제될 것은 없다. 예를 들어 30년 정도 장기로 빌린다고 할 때 10년 동안에는 이자만 갚고 나머지 20년 동안 원리금을 상환할 수 있다. 이렇게 하면 10년 정도의 시간을 활용할 수 있으니 그동안 집에 투자를 하면 된다. 투자를 해서 이자율의 두 배 정도만 나오면 이자를 내고 남은 금액을 모아 나중에 원리금을 상환할 때 사용하면 된다.

인플레이션이 아무리 적다고 해도 최근에는 그 진행 속도가 경제 발전 속도보다 더 빠르다. GDP는 연간 3~4% 정도 성장하는데 인플레는 그것보다 훨씬 더 심하다. 특히 생필품의 경우에는 더욱더 가파르게 올라간다. '요즘 부동산 값이 떨어졌는데……' 하는 생각은 중대형 아파트가 있거나 서울 강남구, 서초구, 송파구와 경기도 성남과 분당 같은 지역에서나 가능하다. 이런 지역도 아니고 중소형 아파트에 살고 있다면 그 아파트 값은 인플레보다 더 빠르게 올라간다. 이런 사실은 구청과 시청의 재산세 담당 부서에 매년 재산세를 올리는 비율을 문의해 보면 알 수 있다. 재산세를 올린다는 것은 아파트 값이 그만큼 올랐다는 것을 말해 준다.

돈의 가치는 떨어지는데 재산세는 오른다는 것은 쉽게 말하면 이런 의미이다. 당신에게 지금 사 놓은 집이 있다고 하자. 이 집은 10년 뒤에는 적어도 지금보다 1.5~2배 이상 가격이 오를 것이다. 그러나 당신이 갚은 돈은 그때의 절반 정도밖에 안 된다. 그러면 그동안에 갚은 은행 이자를 합치면 꽤 되는데, 그 대신 아파트를 사는 데 원금의 일부는 넣지 않았다는 것이다.

또 다른 예를 들어 당신이 집을 사려고 하는데 가진 돈이 부족하다면 이렇게 해보자. 요즘에는 아파트를 살 때 가격의 60% 정도까지 빌릴 수 있다. 당신이 전세 자금으로 보통 아파트의 60~70%를 가지고 있다면, 60%를 빌리고 가진 자금의 40%를 넣고 나머지 20~30%의 자금을 사용하여 10년 동안 갚아 나가면 된다. 이자를 내고도 남는다면 당신은 당신의 집에서 편안하게 살 수 있다. 매년 집주인의 눈치를 볼 필요도 없이, 대한민국에 내 집이 있다는 기쁨을 만끽할 수 있는 것이다.

지금 전세를 살고 있다면 과감하게 집을 사라. 집값이 더 떨어질 것이라는 걱정은 하지 않아도 된다. 우리나라는 자가 보유율이 60%를 조금 넘는 정도인데 앞으로 집값이 대폭 떨어지면 대한민국 전체가 빚에 허덕이게 될 것이다. 혹시라도 그렇게 되면 정부는 부동산 규제들(DTI를 포함)을 거의 다 허용하게 될 것이다. 정권과 상관없이 부동산 가격이 급락하면 대한민국 경제가 파산에 이르기 때문에 이런 정책을 자행할 정권은 없을 것이다.

중요한 것은 남은 전세금 20~30%를 사용하여 이자를 갚고도 돈을 남길 수 있는가이다. 따라서 신중하게 투자해야 한다. 적립식 펀드에 넣고 싶다면 증권 회사를 최소 30군데 이상 드나들어 거의 모든 적립식 펀드의 운용 원칙과 상황을 꼼꼼히 따져 보아야 한다. 그리고 두 개를 골라서 남은 전세금 20%를 10%씩 거치식으로 넣으면 된다.

그리고 생활비를 줄여야 한다. 하루에 한 끼만 잘 먹고, 나머지 두 끼는 간단히 해도 큰 문제가 없다. 나도 이렇게 생활비를 아껴 미국에서 무사히 공부를 마칠 수 있었다. 외식이나 추가 식비 없이 아침에는 바나나 두 개, 점심에는 값싼 닭고기, 저녁에는 육개장이나 설렁탕을 먹으며 지내니 이전보다 생활비가 3분의 1로 줄어 보다 여유롭게 생활했던 기억이 난다.

끼니는 간단히 해결하고, 옷은 새로 사지 말고, 자가용 대신 대중교통을 이용하는 등 절약하여 생활하면 충분히 생활비를 절약할 수 있다. 이렇게 절약한 비용은 앞서 말한 적립식 펀드에 수익이 나지 않았을 때 다시 투자하는 용도로 사용하면 된다. 적립식 펀드는 10년이면 아주 충분한 수익을 제공할 것이다.

  돈을 빌리는 대신 그만큼 절약하며 생활하면 금방 부자의 길에 도달할 수 있다. 믿기 어렵다면 직접 실행해 보라. 생각만으로 꿈을 이루기는 어렵다. 행동하는 자에게 기회가 주어진다는 점을 잊지 말자.

부자18훈

투자 대상의 성격을 제대로 파악하라

　부자의 역사는 땅에서 시작됐다. 고대의 제왕, 중세의 영주, 근대의 거부들이 땅으로 재산을 일구고 늘렸다. 21세기 역시 전 세계 몇 되지 않는 선진국들을 제외하고 거의 모든 나라 부자들이 부동산 부자다. 우리나라도 예외는 아니다.

　세계의 거부들은 엄청난 땅을 가지고 있다. 세계 최고 부자 한 명의 재산이면 칠레의 전 국토를 살 수 있고, 미국의 어느 거부는 제주도의 네 배 정도 되는 미국 땅을 소유하고 있다.

　우리나라 부자들 역시 가진 재산의 70% 이상이 부동산이다. 지난 수십 년간 활짝 피었던 부동산 시장이 최근 몇 년 사이 정체 또는 10~20%의 침체 현상을 보이고 있지만, 우리가 세상을 살아가는 동안 부동산은 재산을 형성하고 유지하는 기둥이 될 것이다.

어느 명품 수입 업체 오너는 "명품을 수입해 번 것보다 회사 사옥과 내 집을 마련한 것으로 부자 소리를 듣고 있다"고 말했다. "요새 (가격이) 떨어진 부동산들을 사면 자식들도 덕을 볼까요?" 묻자 그는 "부동산이 금융으로 바뀌려면 수십 년은 걸릴 것인데 그것도 몇 가지 조건이 충족되어야 한다"고 답했다. 그 조건은 다음과 같다.

첫째, 현재 전체 가구의 60~70% 정도만 자기 집을 소유하고 있다. 전 가구가 두 발 뻗고 누울 집이 한 채씩 있을 때까지 부동산은 숨은 보석이나 마찬가지다.

둘째, 투자 가치가 있는 부동산은 인구 100만 명 이상의 대도시에 있는 일부 노른자위뿐이다. 어차피 상태가 나쁜 지역에는 수십 년 동안 찾아오는 사람도 없고, 여기에 묻힌 수천조 원 역시 재투자가 불가능하다. 물론 부동산 담보로 빌려서 주식 투자를 할 수는 있겠지만 금융 당국이 목을 죄고 있어 그조차도 쉽지 않다. 이런 지역들의 상업적 가치가 남아 있는 한 부동산은 좋은 투자 대상이다.

셋째로 전 국토의 10% 이내가 개발된 상태에서 그나마 대형 토지 보유자들은 대부분 부동산 거부들이다. 몇 개의 노른자위 정부 부처들, 대형 국공립 대학들, 대기업들, 대형 종교 기관들이 대표적인 예다. 전국에서 유통되는 현찰 액수가 부동산 시가에 한

참 못 미치고 있다. 그런 상황에서 초대형 부동산 매수 주체(외국계, 대형 조직들)가 일사분란하게 움직이지 않는 한 부동산은 부동의 일등 자산이다. 부동산을 팔고 그 돈을 주식에 투자하는 사이클이 수십 년 동안 계속되어 부동산과 주식의 균형이 맞아야 한다. 그래야만 부동산에서 초과 이득이 거의 없어질 텐데 이는 당장 일어날 수 있는 일이 아니다.

부자뿐만 아니라 대다수의 우리나라 국민들도 총 재산의 70% 이상을 부동산으로 가지고 있다. 이것을 주식으로 전환하려면 코스피가 5,000을 넘어 1만을 넘나들어야 한다. 그 상태가 쭉 지속되어야 부동산이 국민 총 재산의 절반 아래로 떨어질 것으로 추정된다. 부동산은 계속 하락하고 주식은 수직 상승해야 '부동산 대폭락 시대'가 올 수 있다. 하지만 코스피는 올해 안에 2,200을 유지하기도 힘들다는데 언제 1만, 2만이 될지 의문이다.

부동산은 현찰화하지 않고도 대토나 물물교환을 할 수 있다. 굳이 급하게 처분할 상황이 아니라면 부동산은 '아직도 재미가 있다'는 것이 부동산 부자들의 말이다. 총 재산이 5억 원이 안 되는 가구가 전체 가구의 80% 정도인데, 이들은 어차피 보유한 부동산이 적기 때문에 이득을 얻기 힘들다. 하지만 자산 소득이 생활 소득의 세 배를 넘어서는 순간 부동산의 진가를 알 수 있게 된다. 자산 소득이 적다면 생활 소득의 90% 이상을 절약해 이른 시일 내에 재투자하여 자산 소득을 늘리는 방법을 찾아야 한다. 그래야 자녀들에게 "우리 부모는 미래의 부자"라는 말을 들을 수 있다. 자녀를 위해서라도 적게 쓰고 많이 일하면서 작은 부동산이라도 마련해 가면 희망적인 미래를 맞이할 수 있을 것이다.

부자 19훈

집에 대한 개념을 바꿔라

부자가 되려면 절약하면서 투자 기반을 늘려야 한다. 절약하는 가장 좋은 방법은 하우스 셰어house share(식당과 거실 등은 공동으로 사용하면서 취침과 개인 사생활을 위해 방만 따로 쓰는 주거 형태)다. 살아가는 데 집은 반드시 필요한데, 혼자 살면 새로운 가치를 만들어내기 힘들다. 따라서 가족과 친척, 혹은 경우에 따라서는 모르는 사람들끼리 하우스 셰어를 하는 것이 여러모로 효율적이다.

집은 자신이 생각하는 것보다 약간 작은 곳에서 사는 것이 좋다. 700억 원짜리 집에 거주하는 빌 게이츠는 친구이자 경쟁자였던 스티브 잡스의 집에 가보고는 "이렇게 작고 좁은 데서 어떻게 사느냐?"며 의아해했다고 한다. 그러나 스티브 잡스는 집의 규모에 큰 의미를 두지 않았기 때문에 일상생활에 필요한 것만 갖추어 최대한 절약하면서 검소한 생활을 했다고 전해진다.

혼자 사는 집이 크면 그에 따른 비용만 많이 든다. 재산세가 많이 나오고, 관리비도 많이 내야 한다. 혹시라도 손님이 찾아온다고 하면 내부를 치장하는 데에도 손이 많이 가고 그만큼 비용도 많이 든다. 그러므로 거주하는 사람 1인당 규모는 작은 편이 좋다. 다만 일단은 대형 아파트를 장만해 둔다. 예전에는 건설사들이 중대형 아파트를 주로 지었으나 2008년도에 닥친 전 세계적인 금융 위기를 겪은 후부터 소형 아파트를 짓기 시작했다. 그리고 아파트를 장만하려는 대부분의 사람들도 소형 아파트에만 주목하고 있다. 그러나 앞으로 세월이 흐르면 다시 중대형 아파트를 찾게 될 것이다.

현재 1~2인 가구가 전체 인구의 절반 정도이고 이 추세는 당분간 유지될 것으로 보인다. 출산율도 갑자기 높아질 가능성은 적기 때문에 3~4인 가구들이 나머지 절반 정도를 차지할 것이다. 그런데 중요한 것은 국민 소득이 늘어날수록 편안함을 추구하게 된다는 점이다. 과거에는 집에 목욕탕이 없고 뜨거운 물이 안 나오는 경우가 많았으나, 요즘에는 뜨거운 물이 안 나오는 집에는 아무도 살려고 하지 않는다. 이처럼 생활 형편이 나아지게 되면 자연스레 더 큰 집을 찾기 마련이다. 그래서 앞으로는 중대형 아파트의 수요가 늘어 공급이 어려워질 수 있다고 한다. 그러므로 일단은 가격이 많이 내려간 중대형 아파트를 구입해서 가족이 여러 집에 같이 사는 것이 좋다. 예컨대 따로 살고 있던 결혼한 4형제가 한 아파트에서 바로 옆이나 위, 아래층에 있는 집 두 개를 사서 같이 살게 되면 그만큼 돈을 절약할 수 있다.

물론 이렇게 살면 어려운 점도 있을 것이다. 아침에 일어나 출근 준비할 때 화장실을 이용하기 불편할 수 있고, 아침을 여러 번 차려야 할 수도 있다. 그러나 몇 달 동안 함께 지내다 보면 서로에게 맞추면서 금세 적응할 것이다. 이런 상황만 극복하면 그다음부터는 많은 장점을 누릴 수 있다. 무엇보다 1인당 주거비와 생활비를 절약할 수 있다. 더 중요한 것은 같이 모여 살면 그만큼 의사소통이 빨라지므로 마음만 더 뭉치면 무엇이든 더 쉽게 할 수 있다. 예를 들어, 직장인 남성들은 집에 있는 여성들에게 주식에 대해 가르쳐 주고 남은 돈으로 간단한 주식 투자를 할 수도 있다. 남자는 퇴근하고 저녁에 들어와서 그날의 장을 분석하여 내일 사고 싶은 주식을 정해 놓는다. 그리고 여성들에게 기준 이하로 떨어지면 그 주식을 어느 정도 매입하라고 해 놓으면 된다.

만약 같이 사는 여성이 음식을 잘하면 저녁에만 장사를 하는 음식점을 차려도 된다. 낮에는 주식 투자를 하고, 오후에 장을 봐서 저녁에 음식점을 여는 것이다. 그러면 학교에 다녀온 자녀들과 퇴근한 남편들이 도와줄 수 있다. 또한 부동산 사무실도 낼 수 있다. 자녀를 학교에 보내고 주부들이 함께 부동산에 나가 주식 투자를 하면서 전화가 오면 소개도 해 주는 것이다. 같이 살면서 돈도 절약하고 주식 투자로 이득을 얻으니 이것이야말로 부자가 되는 지름길이 아니겠는가.

부자20훈

나만의 독점 시장을 개척하라

전 세계 대부분의 부자들은 상대적인 결핍감을 느낀 부분에 과감하게 도전한 결과로써 큰 부를 얻을 수 있었다. 반대로 생각하면 큰 어려움 없이 일이 잘 되어 가는 상황에서는 부자가 되기 힘든 것이다. 무언가 당신의 앞길을 막고 있다면 이를 극복할 수 있는 방법을 스스로 찾아 나서야 한다. 그렇게 스스로의 노하우를 만들어 가는 것이다.

이런 노하우를 통해 당신이 만든 회사가 다른 회사들을 제치고 선두에 서면 당신은 그 분야에서 최고가 된다. 내가 만들면 내가 창시자고 1등이다. 이 세상에는 수많은 새로운 아이디어로 독창적인 것을 만들어 시장 1위가 되는 경우가 많다. 그러면 저절로 부자가 될 수 있는 것이다.

예를 들어, SNS로 광고를 보면 적립금을 주는 것도 신선한 아이디어다. 휴대폰으로 실감나게 총싸움할 수 있는 앱을 만들어서 세상을 놀라게 한 것도 새로운 발상이다. 주말에는 친인척 전부를 모아서 주말 음식점을 운영하는 것도 창의적인 아이디어다. 음식점에서 소주 한 병까지는 돈을 받지 않고 서비스로 제공하는 것도 기발한 생각이다.

부자가 되는 것은 자신과의 싸움이다. 부자가 되는 사업은 '세계 최고의 특등을 만드는 일'이다. 세계에서 최고가 되면 물질은 자연스럽게 따라 온다. 최고가 아니면 만들지 말라는 부친의 엄명에 호텔의 침대를 칼로 찢어서 분석했다는 기업가는 국내 최고의 가구 업체를 만들었다. 또한 '세계 제일의 흙을 아는 기업'을 만들겠다는 꿈을 가지고 해외를 누빈 어느 사장도 지질 업계의 최고봉에 올랐다. 이 외에도 현장에서 항상 공구를 다루면서 테이프의 1인자가 된 사장이나 자동차 부속의 장인으로 꼽히는 CEO도 전부 부자의 반열에 올라섰다.

쇼핑을 하거나 외식할 기회가 있으면 시간이 날 때마다 창업 정보를 수집하라. 친구들과 저녁 먹을 기회가 있으면 가 보지 않은 음식점을 찾아본다. 쇼핑할 때도 마찬가지다.

한 젊은 여성 사업가는 학창 시절에 혼자 힘으로 해외 유학을 다녀왔다고 했다. 잘 나가는 중소기업을 창업한 아버지는 해외 유학 비용을 주지 않았다. 대신 회사 제품을 팔아서 번 돈으로 유학을 가라고 했다는 것이다. 처음에는 아버지를 원망하던 그녀는 이제 아버지가 창업한 회사를 사랑하게 되었다. 아버지의 참뜻을 이해하게 된 것이다.

어떤 일이든 스스로 즐기면서 하면 돈이 된다. 많은 사람들에게 도움을 줄 수 있는 일이라 생각되면 앞장서서 다양한 실험을 시도해 보자. 전 세계 동영상의 불법 복제 여부를 90% 이상 판가름하는 기술을 개발해낸 사람이 있다. 그는 동영상의 기본적인 특성을 파악해서 복제 영상을 구분해내는 기술을 즐겁게 개발하여 부자의 반열에 올라섰다.

창업에 실패하는 확률이 열에 아홉을 넘지만, 살면서 창업을 해봤다는 것 자체는 엄청난 경험이 된다. 그리고 그것은 미래의 성공을 위해 도약하는 발판이 될 수 있다. 창업은 빠르면 빠를수록 좋다. 내가 만든 분야에서 제일 앞서면 계속해서 새로운 시장을 스스로 만들어 나갈 수 있다. 뒤따라오는 사람들의 추격을 즐겨라. 돈으로 얻을 수 없는 새로운 경험 가치를 만들어라. 그것이 당신의 경쟁력이 될 수 있다.

이렇게 독자적인 분야에서 자연스럽게 독점한 후에는 이를 지속적으로 유지해야 부자가 될 수 있다. 현재의 화폐 가치로 환산해서 인류 역사상 최고의 부자들을 꼽아 보면 1위가 록펠러(300조 원 이상), 2위가 러시아 황제(200조 원 이상), 현재 최고 부자인 슬림 (80조 원 이상)은 10~20위 정도이고, 한때 최고였던 빌 게이츠(50조 원 이상)는 20위 밖으로 알려져 있다. 대부분의 거부들은 그 당시의 시대적 상황을 가장 잘 반영한 사업을 독점적으로 이끌어 감으로써 부자가 될 수 있었다. 록펠러는 그 당시에 부의 상징이었던 석유 사업을 독점했고, 슬림은 21세기를 대표하는 통신 사업을 독점했으며, 빌 게이츠도 디지털 시대의 소프트웨어 사업을 독점했다. 다른 부자들도 철도나 토지를 독점하여 거부가 되었다.

오늘날에는 전 세계 대부분의 국가에서 '독점'을 불법으로 정하고 단속한다. 과거에 거부들이 독점을 할 수 있었던 이유는 그들이 그 산업에 최초로 진입했을 뿐만 아니라 사회적 관계를 잘 활용했기 때문이다. 거부들은 그 당시에 일반인들이 생각하지 못한 혜안을 가지고 부의 흐름을 읽어 내어, 그때 꼭 필요한 산업에 뛰어들거나 스스로 새로운 산업을 만들어낸다. 신기술이나 벤처 사업의 도전 정신으로 새로운 것을 창안하는 경우에도 마찬가지로 부를 이룩하게 된다. 우리나라에는 전 세계적으로 다양한 고객층을 확보한 인터넷 게임 업체가 많은데, 이 창업자들 역시 '순간 독점(1위를 유지하면서 후발 주자들도 막는 기간 동안의 독점)'을 통해서 부를 쌓았다고 볼 수 있다.

독점을 유지하려면 경쟁자들이 예측하기 힘든 상황을 지속적으로 만들어 가야 한다. 후발 주자들에게 쉽게 추격당할 수 있을 정도로 노출되어 있으면 독점 상태를 유지하기 어렵다. 이는 스마트폰의 발명으로 기업 가치 1위로 올라서면서 큰 부를 이룬 스티브 잡스의 애플사와 이를 턱 밑까지 추격한 삼성전자를 생각해 보면 쉽게 알 수 있다. 사전에 경쟁자들이 생각하지 못한 구조를 만들어 경쟁 자체를 허용하지 않으려는 철학이 있어야 독점적인 부자가 될 수 있다. 이것은 '지속 독점(경쟁을 배제한 채로 1등을 오랜 기간 유지하는 독점)'의 비법으로서 이를 미리 간파한 록펠러는 석유 경쟁 업체들에 접근하여 "팔든지, 그냥 망하든지" 하며 반강제적으로 협상했다고 전해진다.

독점 이외에 거부가 되는 데 절대적으로 필요한 것이 사회적 관계의 적절한 활용이다. 전 세계에서 가장 큰 부를 이루고 있는 중국 부자들과 유태인 부자들 모두 사회적 관계를 적절히 활용했다. 그들은 개인 독점이 아니라, 그들끼리 집단 독점 그룹을 만들어 자신들이 가진 부를 적절히 활용함으로써 사회 시스템 전반을 오랫동안 통제해 왔다. 중국의 꽌시關系(사람과 사람 또는 사물 사이의 관계)와 미국 최고의 로비 집행자인 유태인의 영향력이 그것이다. 우리나라에서 시대의 재벌들이 부를 극대화하는 수단으로 사회적 관계를 활용했다는 점에 대해 지적받는 것도 비슷한 맥락으로 이해할 수 있다.

디지털 시대로 들어서면서 나쁜 의미의 사회적 관계가 아닌 좋은 의미의 사회적 네트워크로 전 세계를 하나로 연결하려는 작업이 계속 진행 중이다. 이에 따라 그 선두 주자들도 모두 거부가 되었다. 전 세계의 모든 지식을 가장 빨리 검색할 수 있는 구글의 창업자들과 전 세계의 오프라인 인간관계를 온라인에서 재현하게 만든 페이스북의 마크 주커버그Mark Zuckerberg는 사회적 관계를 통해 수십 조 원에 달하는 재산을 비교적 쉽게 모을 수 있었다.

부는 어디로 튈지 종잡을 수 없으면서도 스스로 자라나는 속성이 있다. 인간의 기본적인 생활 비용을 제외한 거의 모든 재산은 일정 규모를 넘어서면 '소유주의 의지와는 별 상관없이 스스로 커 가는 경향'을 띤다. 사람들이 몰려들어 지식 개발자를 채용할 수 있게 되고, 언론과 정부 시스템을 통제할 수 있게 되면서 부가 스스로 나아가는 것이다. 대부분 부를 소유한 소유주의 의식과 상관없이, 그 부에 관여된 사람들(소유주의 가족, 친인척, 측근, 소유주에게 혜택을 받는 개인이나 조직)은 전부 연결되어 하나의 고리를 형성하면서 큰 부를 유지하려고 한다. 이때 조금 더 욕심을 부리거나 직접적인 행동에 나서게 되면 불법으로 처벌을 받는다. 빌 게이츠가 미국 법정에 섰던 것이나 우리나라의 재벌들이 시민단체들에게 고발당한 사례가 그것이다.

이룩한 부를 오랫동안 유지하려면 초기의 독점과 사회적 관계를 간접적으로 활용하면서, 경제적으로 어려움을 겪는 빈자들과 사회적 약자들을 보살피는 배려가 있어야 한다. 이를 잘 아는 워렌 버핏이 스스로 재산을 내놓겠다고 한 것이 이런 맥락이다. 아무리 부자가 소유하고 있는 재산이라도 그중의 일부는 공익적인 측면과 관련되었다는 사실(독점의 해악을 보상해야 하는 측면, 사회적 관계를 악용한 것을 되갚아야 하는 상황)을 인정하고 '부의 따뜻한 우산을 사회에 내놓는 것'이야말로 오랫동안 기억될 수 있는 참된 부의 철학임을 명심해야 한다.

부자21훈

10개의 소득원을 만들어라

부자들은 부동산 투자를 할 때 거의 모든 돈을 빌려서 한다. 이자를 갚을 능력이 있으므로 빌린 것으로 계속해서 투자하는 것이다. 돈 많은 연예인들이 빌딩을 살 때 빌딩 대금의 대부분을 빌린 후 자신의 활동 수입으로 갚아 나가는 것도 비슷한 이치다.

부자는 신용이 좋아서 이자율이 상당히 낮은 편이다. 그래서 계속 돈을 빌리고도 재산을 늘려 나갈 수 있다. 그러나 빈자는 신용도가 낮고 담보도 거의 없기 때문에 빌릴 방법조차 마땅치 않다. 빌린다고 해도 이자율이 높아서 상당 기간 고생을 해야 한다.

이런 모습은 역사 속에서도 쉽게 찾아볼 수 있다. 로마 제국의 정치적 거부였던 율리우스 카이사르는 평생을 장군과 장관으로 살았는데도 죽을 때까지 빚을 지고 살았다고 한다. 당시에는 이자제한법이 있어서 최고 이자율은 25%였다고 하니 어느 정도였을지 짐작이 된다.

현대의 거부들은 장기 투자를 한다. 10년 이상의 장기 채권이나 다양한 펀드(유전, 금광)에 투자하는 것이다. 그러나 부자가 아닌 사람들은 돈을 잘 빌리려고 하지 않는다. 하지만 부자가 되려면 돈을 많이 빌려야 한다. 그 이유와 활용 전략에 대해 설명해 보면 다음과 같다.

먼저 열 개 정도의 소득원을 만들려면 남의 돈을 빌려야 한다. 확실한 소득원이 한두 개만 있으면 충분하다고 생각한다면 오산이다. 소득원 포트폴리오를 마련해 놓지 않으면 지금 부자더라도 한순간에 추락할 수 있다. 한 곳에서 한 달에 5000만 원씩 받는 것보다는 열 곳에서 한 달에 3000만 원을 받는 것이 장기적으로는 더 나을 수 있다. 단 한 군데에서만 들어오는 돈은 영원할 수가 없다. 재벌 그룹 회장의 비자금을 관리하는 사람들은 회장이 세상을 뜨거나 검찰 조사를 받게 되면 로또를 맞은 형국이 된다. 엄청난 비자금의 홍수 속에서 '최고의 행운아'라고 생각할 수 있지만, 한순간에 모두 잃을 수도 있다. 재벌의 가족들이 자신을 추적하거나 검찰의 칼날이 겨눠지는 순간이 올 수 있기 때문이다.

지금 당장은 들어오는 돈이 적더라도 소득원을 많이 만들어 놓으면 어느 것이 점점 늘고, 어느 것이 줄어드는지 그 경향을 파악할 수 있다. 상황을 보면서 많이 들어오는 소득원에 그만큼 더 투자하는 것이다. 이렇게 상당한 돈이 들어오는 소득원 세 개 정도와 평균치를 유지하는 서너 개, 그리고 그다지 돈이 되지 않는 서너 개의 소득원까지 갖고 있으면 어느새 부자가 되어 있는 자신을 발견할 것이다.

상속을 크게 받지 않고 정해진 회사만을 다니면서 어떻게 소득원을 열 개까지 늘릴 수 있을까? 답은 돈을 빌리는 데에 있다. 돈을 빌리는 것은 이자를 감당할 수 있다면 원금의 위험성을 나로부터 타인에게로 이전시키는 현명한 선택이다. 당신이 은행에서 3억 원을 빌려 매월 이자만 갚는다고 해보자. 빌린 3억 원을 투자해서 이자를 제외하고도 월 100만 원씩 남는다면, 당신은 2억 5천만 원 이상을 갖고 있는 것과 같은 효과를 얻는 것이다. 부모님의 집을 담보로 3억 원을 빌렸는데, 매월 은행 담보 대출 이자를 갚고 월 100만 원씩 남으면 1년에 1200만 원이 된다. 요즘의 이자율로 세금을 제하고 1년에 1200만 원 정도를 받으려면 2억 5천만 원 이상을 적금에 넣어 두어야 한다. 그런데 이런 경우에는 나에게 2억 5천만 원이 있다는 것을 가족이나 가까운 친구들이 알게 되었을 때 문제가 된다. 그들이 급하게 돈이 필요해지면 내 돈을 탐낼 수 있기 때문이다. 그러나 처음부터 땡전 한 푼 없이 그저 빌려서 생긴 돈이라 하면 내 돈을 탐내는 사람이 안 생긴다. 그리고 스스로 노력하여 없는 돈을 벌었기 때문에 절약도 하게 되는 것이다.

그러면 이렇게 빌린 돈을 어떻게 해야 효과적으로 잘 활용할 수 있을까? 다음의 방법을 참고하자.

당신이 지금 한 직장만 다닌다면 소득원은 오로지 월급뿐이다. 그런데 지금 다니는 직장을 20년 동안 열심히 다니면 부자가 될 수 있을까? 그럴 확률은 1000분의 1도 안 된다. 30대 재벌그룹의 신입 사원들 천 명 중에서 약 20여 년 후에 중역의 자리까지 오르는 사람은 단 한 명 정도밖에 안 된다고 한다. 그런데 중역이라고 해서 다 부자인 것은 아니다. 중역들 중에서도 서너 명 중 한 명 정도만이 부자가 될 수 있다. 종합해 보면 현재 당신이 다니고 있는 직장의 월급만으로는 부자가 되기 힘들다는 결론이 나온다.

그러면 언제까지 직장에 다니는가? 두 가지 경우만 가정하면 된다. 먼저 스스로 일을 주도할 수 있을 정도로 창업 준비가 확실해질 때까지만 직장을 다닌다. 그리고 당신에게 소득원이 많아지고 직장이 더 이상 사회적 의미를 제공해 줄 수 없다고 판단되면 직장을 나오면 된다.

이렇게 직장을 나오기까지 대략 5년 내지 10년 정도 걸린다고 하면 그 안에 소득원을 5~10개 정도 만들어 놓아야 한다. 그러려면 일단 담보 대출로 돈을 빌려야 한다. 내 이름으로 된 집이 있다면 아주 쉽게 담보 대출을 받을 수 있다. 일단은 내 명의로 된 아파트를 담보로 5000만 원을 빌려, 기간은 1년으로 정하고 매년 갱신하겠다고 한다. 그리고 4000만 원 정도를 다른 은행에 예금한다. 그러면 그 은행에서 나의 신용도가 약간 올라간다. 그리고 남은 1000만 원으로 간단한 주식 투자를 하면 매주 얼마씩이라도 벌 수 있을 것이다. 그 돈은 용돈으로 사용하면 된다. 투자 결과가 좋든 좋지 않든, 이렇게 하면 일단은 월급과 주식 투자로 두 개의 소득원이 마련되는 것이다.

다음으로 직장 월급과 각종 공과금을 다른 은행에 몰아넣어야 한다. 월급이 석 달 정도 지속적으로 들어오면 신용 대출이 가능해진다. 그러면 신용 대출을 받아서 그 돈으로 적절한 수입원을 찾아본다. 형제가 프랜차이즈 가맹점을 하려고 하는데 돈이 좀 모자란다면 자신이 신용 대출받은 돈을 형제에게 빌려 주고, 나중에 가맹점이 잘되면 얼마쯤 달라고 하면 된다. 물론 그때까지는 신용 대출의 이자도 본인이 직접 낸다. 친형제에게 투자한 것이므로 이자는 형제를 도와주는 마찰 비용이라고 생각하면 된다. 이렇게 1년 정도 노력했는데도 아무 소득이 없으면 어쩔 수 없지만, 그렇게 해서 얻은 수입이 어느 정도 되면 적어도 몇십만 원씩 형제에게서 받을 수 있는 또 다른 소득원이 생기는 것이다.

이제는 부동산 투자를 해야 하는 시점이다. 월세를 놓을 수 있는 오피스텔이나 도시형 생활 주택을 하나 구입해서 임대하는 것도 생각해 본다. 부모님의 집을 담보로 돈을 빌려서 그 돈으로 간단한 것을 매입하면 이것 역시 또 하나의 수익원이 된다.

이렇게 빌린 것들에 대한 이자를 월급으로 다 갚을 수 있다면 더 늘려도 된다. 신용 대출을 많이 받으면 그만큼 당신의 신용도 올라간다. 또한 신용 대출과 담보 대출을 많이 받으면 받을수록 은행에서 굽실거린다. 대여 금고를 하나 만들어 달라고 하면 바로 만들어 줄 수도 있다. 보통 1억 원 이상 적금을 들어야 대여 금고를 주는데, 많이 빌리면 예금이 없어도 바로 내어 주기 때문이다.

그리고 주식의 패턴을 보면서 적립식 펀드에 적절히 가입한다. 월급을 쪼개어 모아둔 돈으로 적립식 펀드를 서너 개 들어 놓고 수익이 나면 가끔 사용한다. 그것도 새로운 수익원이 된다. 또한 아주 믿을 만한 사람들 한두 명과 같이 가맹점 사업을 하거나 음식점을 차려도 소득원이 생길 수 있다. 이 와중에 당신이 결혼하여 맞벌이를 하게 되면 배우자의 소득도 하나의 소득원이 된다. 주말에 아르바이트를 하면 그것도 또 하나의 소득원이 될 수 있다.

빈손으로 시작했더라도 이렇게 빌리고 투자하는 과정을 되풀이하다 보면 어느새 당신의 신용은 1등급이 된다. 그리고 다양한 소득원이 생긴다. 이때 소득원 간 연관성이 낮을수록 좋다. 하나가 안 되어도 다른 것은 잘 될 수 있도록 서로 관련성이 없는 다양한 소득원들을 만들어야 한다.

부자22훈

부자들의 모임을 직접 만들어라

남들에게 삶의 숨겨진 비법을 배우는 좋은 방법이 있다. 직접 주도해서 모임을 만들고, 구성원도 늘리다가 어느 정도 진행되면 모임을 해체하고 다른 모임을 만드는 것이다.

부자들의 경우도 마찬가지다. 그들 중 일부는 다른 사람들과 경쟁하면서 1등이 된 것이 아니라 자신이 좋아하는 것을 스스로 추진하다가 자연스럽게 1등이 된 경우가 많았다.

왜 내가 직접 모임을 주도해야 하는가? 여기에는 여러 이유가 있다.

첫째, 부자는 스스로 모든 것을 주도해서 일을 만들어내는 사람이다. 일단 당신이 부자가 아니라면 일을 주도하는 연습이 필요하다. 자기통제를 하면서 스스로 강한 의지를 갖고 자신이 생각한 것을 현실에 적용하여 그 성과를 거두는 것은 매우 중요하다.

부자와 만나서 부자를 리드해 본 적이 있는가? 별로 없을 것이다. 작은 부자는 큰 부자에게 리드를 당하고, 부자가 아닌 사람들은 작은 부자에게 리드를 당한다. 그래서는 부자가 될 수 없다.

일을 주도하는 연습을 하는 가장 쉬운 방법은 열 명 이하로 구성된 모임과 수십 명에서 100명 정도로 구성된 모임을 열 개 정도 만들어 보는 것이다. 모임의 리더가 되어 자신이 생각하는 바를 그 모임을 통해 실현해 나가다 보면 금방 적응할 수 있게 된다.

모임을 주도해서 만들면 그 모임은 당신을 중심으로 움직이면서 당신이 필요한 것을 지원해 주는 네트워크가 된다. 작은 모임에서는 직접 회장을 하고, 큰 모임에서는 총무를 맡으면 모든 모임이 당신이 원하는 대로 움직인다. 중요한 것은 모임에 나오는 사람들에게 본심을 숨긴 채 '좋은 사람들과 여러 가지 공부도 하고, 인맥도 쌓자'라는 투로 모임을 이끌어 가야 한다. 이때 명심해야 할 것은 적어도 열 개 이상의 모임을 만들어서 짧게는 1년, 길게는 4~5년 정도 리드하다가 어느 정도 목적을 달성하면 탈퇴하고 새로운 모임을 만들어야 한다는 점이다.

당신에게 진정으로 필요한 것은 부자가 되는 데 필요한 간접 경험을 쌓는 하나의 도구로써 모임을 이용하는 것이다. 아무리 가난한 사람이라도 최소한 두세 명의 부자는 안다. 기초 생활 수급 대상자인 사람의 친인척 중에도 부자가 있을 수 있고, 파산한 사람의 지인 중에도 부자가 있을 수 있다. 그런데 이때 처음부터 '부자의 모임'이라고 내세우면 모임을 만들기도 쉽지 않고 선뜻 참여하기도 어렵다. 부자 모임은 대개 능숙한 사람들이 주도하므로 처음에는 부자가 몇 명 있는 (아니면 적어도 한 명 이상이 있는) 일반인들의 모임을 만들어 방법을 터득한 후에 전문적인 부자 모임을 만들어도 늦지 않다.

그러면 모임을 어떻게 만들고, 어떻게 운영하는가?

먼저 구성원은 처음에는 모두 당신에게 필요한 사람들로만 고른다. 모임을 주도하게 되면 처음 식사 비용도 한두 번은 내야 하고, 연락도 해야 하고, 장소를 정하여 확인 연락을 하는 것까지 여간 번거로운 일이 아니다. 당신이 이 모든 것을 꾹 참고 하려면 모임에 나오는 사람들에게서 무엇이든 배울 수 있는 가치가 있어야 한다. 그래야 스스로 열심히 하게 된다.

이때 작은 모임은 열 명을 넘기지 말아야 한다. 여덟 명 정도가 되면 한 명이 이야기할 때 전원이 듣고 소통할 수 있는 구심점이 만들어지지만, 열 명 이상이 되면 이야기가 두세 군데로 흩어진다. 인원을 최대 열 명으로 정하면 처음에는 거의 다 참석하지만 시간이 갈수록 참석 수가 줄어들면서 최악의 경우에는 당신 혼자 나오는 상황이 될 수도 있다. 모임 전체 인원의 절반 이하만 나오는 상황이 두세 번 이상 계속되면 그 모임은 해체하고 다른 모임을 만들 마음의 준비를 하는 것이 좋다.

  일단 모임의 핵심이 될 사람을 한두 명 정도 찾는다. 부자들의 사회봉사가 목적이라면 신문 기사에 실린 부자들 중 사회봉사를 자주 하는 사람들을 찾아본다. 그리고 그중 열 명 정도 골라서 적어도 6개월 동안 시간을 들여 전원에게 접촉한다. 신문 기사를 쓴 기자에게 이메일을 보내거나 전화를 하면 부자의 연락처를 의외로 쉽게 알 수 있다. 혹은 회사의 주소로 직접 찾아가도 된다. 그들은 당신을 모르겠지만 크게 걱정할 필요는 없다. 신문에 난 사람들은 대개 자신의 이름을 세상에 알리고 싶어 하는 사람들이므로 정중히 연락하면 된다.

  '신문에서 회장님이 행하신 훌륭한 사회봉사에 관한 기사를 읽고 감동했습니다. 기사에 미처 실리지 못한 이야기와 회장님의 진솔한 경험을 듣고 배우고 싶습니다. 30분이면 충분합니다'라고 정성스럽게 한지에 써서 등기 편지를 보내는 것이 가장 좋다. 이때 당신이 누구인지뿐만 아니라 영리를 목적으로 접근하는 것이 절대 아님을 확실하게 드러내야 한다. 이렇게 열 명에게 편지를 보내면 부자의 비서들 중 몇 명에게는 오지 말라고 전화가 오거나 당신이 전화를 해도 사양하는 경우가 대부분일 것이다. 그러나 최소한 두세 명은 만남에 응할 수 있다. 자신을 알아주는 사람이 자신에게 배우려고 찾아온다는 사실 자체에 만족하기 때문이다.

　약속을 정하면 부자의 선행이 실린 신문 기사를 깨끗하게 코팅하여 준비해 둔다. 약속한 당일에는 10분 전까지 도착하여 기다리는 것이 좋다. 부자를 만나면 인사를 한 뒤 준비한 신문 기사를 건네면서, "이 기사는 정말 감동적이었습니다" 하며 이야기를 꺼낸다. 그렇게 30분만 이야기를 나눈 뒤 나오기 직전에 "회장님처럼 훌륭하신 분들과 부자들의 사회봉사 경험을 공유하는 간소한 저녁 식사 모임을 가지려고 하는데 참석하시겠습니까?"라고 가볍게 묻는다. 그러면 대부분은 참석하겠다고 하고 나온다. 그러나 이때 절대로 돈과 관련된 이야기를 하면 안 된다.

　이런 방법으로 한 명과 인연을 맺고, 또 다른 열 명을 골라서 접촉하는 과정을 6개월 정도 반복하면 10여 명 정도의 부자 리스트를 손에 넣을 수 있다. 이들 중 누가 가장 매력적인지 생각하고 열 명의 리스트를 직접 만들어 본격적으로 나선다. A라는 사람에게는 B라는 사람이 모임을 만들자고 해서 내가 연락하는데 나오겠냐고 물어보고, C에게는 F라는 사람이 모임을 만들자고 한다면서 일대일로 만난다. 그렇게 사람들에게 일단 승낙을 받은 다음, 이메일이나 컬러 문자, 혹은 편지로 정성껏 선별한 여덟 명의 이름과 직업을 전원에게 알린다. 당신을 포함한 여덟 명 중 서로 한두 명이라도 만나고 싶은 사람들이 있으면 모임에 나올 것이다. 처음 만나는 날짜는 전원이 참석 가능한 날로 정하고, 음식점도 당신 이름으로 예약하고는 첫 번째 미팅을 기다린다. 약속 시간 30분 전에 미리 가서 자리를 정해 놓고 음식과 술, 잔잔한 음악까지 준비한 다음에 모두에게 다시 확인 전화를 한다. 한 명 정도는 안 올지 모르지만 대부분이 참석할 것이다.

모두 모인 자리에서 당신은 그날의 모임이 사회봉사의 순수한 의도로 이루어졌음을 설명해야 한다. 모임을 만든 목적 자체가 사회봉사를 하면서 부자들의 본받을 만한 행동을 배우려는 것이기 때문이다. 한두 시간 정도 기분 좋은 시간을 보내면서 앞으로 정기적으로 모이는 것은 어떤지 이야기를 해본다. 한두 달에 한 번 정도 모임을 갖는 것으로 정해지면 그것을 시작으로 모임 활동을 진행해 나가면 된다.

이렇게 두세 달 정도 활동을 하다가 두 번째 모임을 만든다. 첫 번째 모임의 멤버들 몇 명과 함께 비슷하지만 약간 다른 모임을 만든다. 친한 친구나 아는 사람들을 포함하여 열 명 정도로 구성된 소모임을 다섯 개 정도 만들고 그 이후에는 수십 명에서 100명 정도 되는 다른 모임을 다섯 개 정도 만든다. 이때 20대에서 60대까지, 부자에서 취약 계층까지, 전문직에서 무직까지 다양한 계층의 사람들을 포함시키면 든든한 인맥이 생긴다. 신문 기자나 방송 작가들, 의사와 변호사, 교수와 중·고등학교 교사, 종교인, 자영업자, 신용 불량자, 사회단체 관계자들까지 포함하면 생생한 정보와 경험 네트워크가 만들어진다. 이렇게 만들어진 모임에 나가다 보면 대한민국의 거의 모든 정보를 알 수 있게 된다.

이렇게 모임을 만들어 처음 식사할 때는 당신이 주도했기 때문에 아무리 비용이 많이 들더라도 본인이 부담하는 것이 좋다. 그러면 그다음부터는 대부분 번갈아 내거나 모일 때마다 회비를 걷을 것이다. 그래서 나중에는 돈이 별로 들지 않는다. 중요한 것은 그렇게 돈을 들이지 않고서도 500명 이상의 구성원들 중 상당수를 당신이 직접 정했기 때문에 그들은 대부분 당신의 영향권 아래 놓이게 된다는 점이다.

그런데 이런 모임 활동이 1년 이상 계속 되면 대부분 시들해진다. 이쯤 되면 이미 서로 정보나 경험을 공유한 상태이므로 그때그때의 이야기들이 주제가 된다. 그리고 점차 개별적으로 활동하거나 불참하면서 균열이 생긴다.

당신이 모임을 만든 원래 목적은 정보 획득과 경험 공유이므로 목적을 어느 정도 달성했다면 자연스럽게 그만두어도 된다. 그렇다 해도 500명 이상을 최소 1년 넘게 만나게 되면 그들 중 수십 명에서 100명 정도는 당신의 우군이 된다. 물론 진정한 친구는 열 명 미만이겠지만 그중에는 내가 어려운 상황이 되었을 때 담보를 제공해 주거나, 몇천만 원씩 선뜻 빌려 주는 사람이 있을 수 있고,

그 상황을 극복할 수 있도록 도움을 주거나 새로운 기회를 만들어 주는 사람도 있을 수 있다. 물론 그들이 스스로 그런 것을 청하기 전에는 먼저 말하지 않는 것이 중요하다. 그러나 아주 친해지면 어떤 상황에서든 그들은 내 편이 되어 줄 것이다.

내 경우에는 10여 년 전에 이런 방법으로 한 달에 열네 개의 모임을 운영했었다. 다양한 사람들로부터 얻은 엄청난 정보력과 네트워크를 통해 생각한 바를 쉽게 이루어 꽤나 놀랐던 기억이 난다. 이런 인맥을 토대로 지금도 전혀 알지 못하는 새로운 문제에 직면하면 열 명 정도의 지인들에게 연락을 하여 대략적인 윤곽을 파악하곤 한다. 다양한 모임을 통해 부자들을 포함한 수백 명의 사람들과 만나면서 얻은 많은 정보와 경험들이야말로 부자가 되는 데 필요한 큰 밑거름이 되지 않을까 생각한다.

부자23훈

기꺼이 실패를 감수하라

　부자가 되는 데 절대적으로 필요한 것은 '굳건한 의지'다. 가난한 가정에서 살다 보면 삶의 의욕이 샘솟는다. 『카네기 인간관계론』을 저술한 데일 카네기Dale Carnegie는 "성공은 가난 속에서 태어난다"고 했다. 비단 가난뿐만이 아니다. 이 세상의 어떤 어려움이라도 성공의 발판이 될 수 있다. 현재의 어려움을 부끄럽게 생각하지 말고, 이를 승부의 최첨단 무기로 삼는 자세가 필요하다.

　살다 보면 많은 위기와 시련의 순간들이 닥친다. 특히 결혼한 사람들에게는 '이혼'이야말로 삶에 막대한 영향을 미치는 최악의 결정이 될 수 있다. 그러나 그런 순간에도 크게 좌절하지 않고 꿋꿋이 이겨 내려는 사람들이 많다. 특히 혼자 남겨진 여자들의 경우에는 초인적인 힘을 발휘하는 모습을 보이기도 한다.

'돌싱(돌아온 싱글의 줄임말)'의 처지가 될까봐 두려워 잠을 이루지 못하는 사람이 있다면 다음에 제시된 두 여인의 삶을 이해함으로써 성공의 비결을 찾을 수 있을 것이다.

지방에 살면서 가끔 서울에서 대학생 오빠들이 오면 그저 멋있게만 보여 한없이 동경했었던 여고생이 있었다. 스무 살이 된 그녀는 친구의 오빠가 서울 명문대에 다니는 것을 알고 금세 사랑에 빠졌다. 그녀는 먼저 다가가 고백을 했고, 끝내 결혼까지 하게 되었다. 그런데 막상 결혼해 보니 그녀가 꿈꿔왔던 결혼 생활과는 완전히 딴판이었다. 신혼여행을 다녀 온 이후에 서울에서 주중을 지내고 주말에만 집에 오던 남편은 5년 동안 생활비도 주지 않고 계속 여자 문제만 만들었다. 참다못한 그녀는 결국 이혼을 결심했고, 아무것도 받지 못한 채 혼자가 되었다.

그녀는 그때부터 스스로 초인적으로 삶을 헤쳐 갔다. 119 구급차를 몰고 일식집 찬모도 했다. 그렇게 모은 돈을 가지고 서울로 올라와 가게도 차렸다. 부자 동네의 길목에 차린 가게에 오는 부동산 중개자들의 이야기를 귀담아 듣던 그녀는 이내 부동산 업종에 뛰어들었다.

'나에게는 아무것도 없으니 끝까지 가겠다'고 작심한 그녀는 재벌 그룹 회장 부인들의 자존심을 세워 주면서 부동산 중개를 넓혀 갔다. 무시당하지 않도록 스스로 공부하고 교양을 익혀 가면서 부동산을 확장하여 마침내 부자의 길에 들어서게 되었다.

또 다른 여인은 결혼을 하고 서울로 올라와서 작은 동네에 소박한 음식점을 차렸다. 그녀는 주방 일만 하고 그밖에 모든 일은 남편이 도맡아 했다. 이런 남편의 헌신적인 노력으로 음식점의 매출은 금세 올랐고 더 이상의 시련은 없을 것 같았다. 그러나 사업이 잘되자 남편에게 다른 여자가 생겼다. 이를 알게 된 부인은 '다 두고 나가라'며 단호하게 매듭을 지었다. 남편은 자신이 모든 것을 다 했으니 새 여자와 다른 음식점을 차리면 된다고 생각했다. 주방 일만 했던 전부인은 조만간 망할 테니 자신이 인수하면 되고, 혹시 안 되면 비슷한 가게라도 내면 된다고 생각하며 떠났다. 그렇게 남편을 내보낸 뒤 그녀는 눈물을 흘릴 겨를도 없이 사업을 밀어붙였다. 브랜드가 돋보일 수 있도록 홍보하고 직접 가맹점을 일일이 찾아다니며 노력한 결과, 수백 개의 가맹점을 만들어 성공하게 되었다.

전 세계적으로 부자인 여성들의 대부분은 상속형이다. 그런데 여성 거부 중 일부는 자수성가형이다. 물론 남편과 함께 노력하여 성공한 사람들도 있으나, 혼자서 최고의 길로 들어선 사람들도 있다. 혼자 호주의 탄광을 운영하는 여성이 그 예다.

처음 창업할 때 가장 어려움을 겪는 것이 자금 조달이다. 특히 중년 여성이 창업을 하려고 하면 '아줌마가 무슨 사업이야?' 하는 인식 때문에 더욱 자금을 모으기 힘들 수 있다. 여성 기업인들을 대상으로 가장 큰 애로점이 무엇인지 묻는 질문에 44% 이상이 자금 조달이 어렵다고 답한 조사 결과만 보더라도 알 수 있다. 이런 어려움에도 굴하지 않고 스스로 극복하여 혼자 그 분야의 최고가 되는 것은 그만큼 힘들고 고된 여정일 것이다. 그러나 굳건한 의지를 가지고 꿋꿋이 정신력을 발휘하면 이 땅의 누구 못지않게 성공할 수 있다.

이러한 자세는 새로 사업을 시작할 때에도 역시 큰 도움이 된다. 일본 최고의 부자 반열에 올라섰던 유니클로의 회장은 이렇게 이야기한 적이 있다고 한다. "일곱 번을 실패해도 상관없다. 여덟 번째에 성공하면 된다."

높은 목표를 설정하고 그것을 달성하기 위해서 계속 도전하다 보면 실패의 연속이 된다. 처음에는 자본금이 모자라서 일을 못한다. 돈을 어느 정도 빌려서 마련해 두고 신제품을 만들어도 기존에 시장에 나와 있는 것들과 비슷해서 또 안 된다. 밤새 라면을 끓이고 고춧가루를 넣어 다시 끓여 보아도 기존의 매운 라면 맛을 못 따라 간다. 6개월 이상 끊임없이 노력하면 새로운 맛을 만들어낼 수도 있다. 그런데 이번에는 선두 업체들이 좋은 상권을 가진 기존 매장들을 다 점유해서 또 못한다.

이렇게 실패를 거듭하면서도 끊임없이 도전하다 보면 성공의 실마리가 보이기 시작한다. 이 시점이 중요하다. 이때까지를 실패라고 여기는 사람은 성공하기 힘들다.

학교에 다니며 공부하던 때를 생각해 보자. 공부는 혼자 책상에서 하는 것이다. 수학 공식이 이해가 안 되면 여러 문제를 풀어 보면서 해결 방법을 찾으면 된다. 그러나 돈을 버는 것은 공부와는 다르다. 공부는 일차원이다. '나 혼자' 하는 것이다. 실패를 해도 그냥 일차원적 실패다. 그러나 부자가 되려면 다차원적 경쟁을 이겨 내야 한다. 나 자신과의 싸움, 가족들과의 견해 차이, 동업자나 직원들과의 다른 시각, 경쟁 업체들과의 차별화, 전반적인 흐름의 파악과 방향 설정, 정부의 규제나 세법에의 대응, 해외 업체들과의 잠재적 경쟁 등 여러 가지를 염두에 두어야 한다. 그뿐만 아니라 소비자들의 변덕스러운 마음까지도 파악하고 대처해야 한다.

부자가 되려고 시작한 사업에서 성공을 거두기는 매우 힘들다. 실패하지 않는 것이 성공이다. 100여 개의 외식 업체가 전국에서 사업자 등록을 내면 대부분 1년 이내에 사업을 정리한다고 한다. 3년을 넘으면 성공한 것이나 다름없다. 그러면 어떻게 해야 3년 이상 버틸 수 있을까?

첫째, 일단 배우자는 사업에 끌어들이지 말고, 반드시 맞벌이를 해야 한다. 그리고 배우자가 버는 돈으로 주거비, 생활비와 교육비를 감당할 수 있을 정도로 계획하는 것이 중요하다. 배우자의 월급 이상으로 필요하게 되면 3년을 버티기 어렵다. 그러나 배우자의 현재 월급으로 각종 비용을 충당하고 약간이라도 남는 정도가 되면 일단은 버틸 수 있다.

둘째, 부모님의 부동산을 담보로 돈을 조금 빌려서 간단한 주식 투자를 한다. 외국인들이 많이 사는 코스피의 대형 우량주 주가가 빠질 때마다 조금씩 사 모으면 된다. 창업을 시작하기 6개월 전쯤부터는 하루에 한두 번 정도 확인하면서 좀 더 신경을 쓴다. 그리고 6개월 정도 되어 수익이 나면 그렇게 벌어들인 것으로 빌린 돈의 이자를 갚고 생활비로 사용하는 것이다.

셋째, 창업 자금은 중소기업청이나 서울시 혹은 전국 지자체에서 빌리고 따로 저축해 놓은 것이 있으면 함께 사용한다. 명심할 것은 나의 월급은 한 달에 1000원 정도여야 한다는 것이다. 스티브 잡스는 애플에 돌아온 이후 14년 동안 1년에 1달러를 받았다고 한다. 스티브 잡스는 그 당시 디즈니랜드의 주식을 갖고 있었으니 1년에 1달러이고, 나는 그 정도가 아니니 한 달에 1000원짜리 지폐 한 장이다.

왜 이렇게 돈을 조금 받아야 하는가? 회사가 내 것이기 때문이다. 회사의 주식을 전부 내가 가지고 있고, 정작 회사는 아직 수익도 못 내고 있는데 내가 월급을 챙겨 갖는 것은 문제가 있다. 이는 곧 회사의 잠재 경쟁력을 떨어뜨리는 행위다. 또한 내가 한 달에 1000원을 받는다는 것을 경리 직원이 알면 곧 대부분의 회사 직원들도 그 사실을 알게 된다. 그들은 월급이 적다고 투덜댈 수는 있겠지만 나에게 직접 "사장님, 월급 올려 주세요"라고 말하기는 어려워할 것이다.

넷째, 초보자들을 고용하라. 학력도 낮고 경험도 없는 사람들을 고용하면 돈을 별도로 많이 줄 필요가 없다. 대신 그들을 조금씩 가르치면서 새로운 것을 시도해 보도록 이끌어 가야 한다. 이때 중요한 것은 새로 창업한 중소기업에서 그들이 일에 적응하는 최소 1년 동안은 저임금을 활용하여 함께 성장해 나가야 한다는 점이다.

언젠가는 당신도 가맹점이나 분점 혹은 지방 사무소를 내게 될 것이다. 경력은 없지만 열심히 일하는 직원에게는 "사업이 잘되면 하나를 맡기겠다"며 희망을 주는 자세도 필요하다. 그리고 실제로도 그렇게 해야 한다. 3년 정도 버티면 수익이 나고 5년 정도 되면 수익이 급상승할 것이다. 그러면 2호점을 내서 회사나 내 이름으로 가게를 계약하고 필요한 모든 물품을 들여 놓는다. 이때 그 직원에게는 "2호점은 당신이 직접 맡아서 해야 하니 인테리어나 각종 소모품은 알아서 장만하세요" 하고 평소에 신임하던 경리 직원을 함께 2호점으로 보내면 된다. 이때 월 수익의 일정 부분만 내가 갖고 나머지는 전부 주겠다고 하면 좋아할 것이다.

   인생을 살아가면서 실패는 누구나 할 수 있다. 그러나 실패를 하면서도 조금씩 스스로 성장해 왔음을 깨닫고 소신껏 한길을 고수하는 것이 중요하다. 꾸준히 포기하지 않고 그 일을 계속 하면 언젠가는 성공한다.

부자24훈

치열하게 고민하고 스스로 혁신하라

부자가 된 사람과 부자가 되지 못한 사람 사이의 수많은 차이점 중 가장 중요한 것은 '앞으로 전략을 혁신적으로 지속할 수 있는가, 아닌가'다. 부자의 반열에 오른 사람들은 자신의 성공 방식을 계속 혁신적으로 바꾼다.

그래서 부자가 되려면 창업을 해야 한다. 내가 가지고 있는 기발한 아이디어를 실현해 줄 수 있는 기업이 없을 때는 스스로 만들어내는 것이 최고다. 가정용 청소기가 불편해서 자신의 아이디어를 사업화하여 성공한 생활 과학 업체의 여사장이 대표적인 예다.

자신이 생각한 것을 새롭게 다듬으면 독특한 결과물이 나올 수 있다. 고객들에게 이것을 보여 주면 그들은 새로운 경험에서 나오는 특이한 가치를 느끼게 된다. 이것을 '경험 가치Experience Value'라고 한다. 이는 경험 마케팅의 관점에서 만들어진 개념이다. 즉, 고객이 이전까지의 경험과 비교하여 "굉장히 특이하다"고 깨달을 수 있도록 만드는 것이 경험 가치다.

대부분의 음식점 점주들은 음식점을 항상 점심과 저녁에 여는 것이 특징이다. 그런데 이런 영업 방식을 혁신적으로 바꿀 필요가 있다. 주거지에서 멀리 떨어져 있는 지역의 오피스 타운인 경우에는 저녁 매출이 거의 없다. 사람들이 퇴근하자마자 집으로 가버리기 때문이다. 우리나라에서 이런 지역은 전 국토의 10%도 채 안된다. 대부분의 지역은 저녁에도 사람들로 북적거린다. 이런 곳에서는 저녁 매출이 점심 매출보다 훨씬 더 많다. 저녁의 영업 시간이 새벽까지 이어지는 곳들은 저녁 매출이 점심 매출의 세 배를 넘는 경우도 흔하다.

그렇다면 중요한 것은 점심 때 문을 열어야 하는가이다. 점심시간은 보통 11시 50분 정도부터 1시 조금 넘어서까지다. 그런데 이 시간 동안에는 아무리 많이 주문을 받고 계산을 해도 전체 시스템이 최대한으로 순환되는 사이클은 두 번 혹은 두 번 반 정도다. 세 번의 회전은 거의 불가능하다. 이 짧은 점심시간을 위해 오전 10시부터 준비해서 점심에 장사를 하고 설거지까지 끝내도 2시 반 정도면 모두 정리된다. 그러다가 저녁까지는 손님이 없어 잠시 눈을 붙였다가 저녁 준비를 위해 5시에 다시 일어나는 것이다. 이것이 바로 전국 50만 개가 넘는 음식점의 자화상이다.

이 패턴을 과감히 바꿔라. 점심 매출을 포기하고 5시 30분 정도에 음식점 문을 여는 것이다. 종업원들은 5시까지 출근하여 저녁 10시까지만 주문을 받고 12시에 문을 닫으면 된다.

그러면 점심 매출을 포기한 것이 얼마나 될까? 하루 매출의 한 20~30% 정도가 될 것이다. 그리고 어차피 빌린 음식점이니 저녁 장사만 해서 손해 보는 임대료도 약 20~30%는 될 것이다. 점심 매출과 임대료를 손해 보았는데, 무슨 이득이 있을까?

우선 종업원에게 지급되는 인건비는 기존 비용의 절반이면 충분할 것이다. 그 종업원들은 낮에 자기 시간을 보내고 오후 5시까지 출근하면 된다. 그리고 저녁에만 장사를 하면 음식점주도 그만큼의 시간을 벌게 된다. 음식점을 낸 사람들은 자기 시간을 갖지 못하는 경우가 대부분이다. 그러나 저녁에만 영업을 하면 낮에 전업으로 주식 투자를 할 수도 있고, 부동산을 보러 다닐 수도 있다. 아니면 낮에 다른 사업(판매점 등)을 하다가 저녁 때 음식점으로 돌아오면 된다.

음식점 매출의 절반 이상이 주말에 집중되는 곳들이 많다. 유흥가나 번화가에서 젊은 층을 상대로 하거나 등산객이 많은 곳은 매출의 거의 대부분이 주말에 몰린다. 이런 경우에는 임대료가 비교적 적절한 곳에 가게를 열어 주말에만 장사를 하면 된다. 임대료가 생각보다 비싸다고 판단되면 내가 가지고 있는 부동산 담보나 예금 담보로 돈을 빌려 가게를 아예 매입해버리면 된다. 이렇게 하면 매출의 절반 이상을 확보할 수 있다. 어차피 내 점포이니 비워 놓는다고 땅값이 떨어지는 것도 아니다. 그러면 주중에는 직장을 다니거나 다른 자영업을 하면 된다.

그다지 어려운 선택이 아닌데도 많은 사람들이 이렇게 하지 못하는 이유는 전략적으로 생각하지 못하기 때문이다. 그러나 이 세상의 많은 부자들은 이런 전략 혁신을 생활화한다. 예를 들어 어떤 사람은 자녀의 사교육비가 많이 들 것을 우려하여 아예 직접 자녀를 가르친다고 한다. 대형 서점에서 책을 수십 권 사서 자습하고 매일 한두 시간 정도 가르쳐 준다는 것이다. 이를 통해 부모와 자식 간의 사랑을 더욱 돈독히 하면서도 자녀에게는 과외가 필요 없다는 인식을 심어 줄 수 있으니 일석이조다.

이를 일상생활에도 적용시킬 수 있다. 우리가 하루 종일 하는 일들 중에서 90% 이상은 하지 않아도 크게 문제가 안 되는 것들이다. 90% 이상의 일들을 안 해도 월급을 받는 데 지장이 없고, 하루를 사는 데 별로 문제가 되지 않는다.

지금 눈을 감고 어제 한 일들을 차근히 생각해 보자. 그리고 가장 중요한 것부터 종이에 적어 보자. 제일 중요하다고 생각한 것을 적고, 그다음으로 중요하다고 생각한 것을 하나씩 적어 나간다. 열 가지를 채울 수 있는가? 쉽지 않을 것이다. 이 세상 누가 됐든 어제 한 일들 중에서 가장 중요한 것을 적으라고 하면 한두 가지밖에 못 쓸 것이다. 이런 일들은 꼭 했어야 한다. 그러나 어제 당신이 한 나머지 수십 가지의 일들은 하지 않았어도 생활에 거의 문제가 되지 않는 것들이다.

A라는 사람의 예를 들어 보자. 어제 A라는 사람에게 있었던 중요한 일은 A가 다니는 보험 회사에 새로운 강력한 경쟁자가 될 업체가 들어온다고 하여 지시를 받고 대응 전략을 짠 것이다. 그리고 저녁에는 친구의 어머니가 돌아가셔서 상갓집에 갔다 왔다. 그리고 재벌의 오너가 횡령 의혹에 휘말렸음을 TV와 SNS를 통해 알았고, 우리나라 축구가 올림픽에 진출했다고 해서 호프집에서 동료들과 맥주 응원을 했다. 어제 A가 한 일들 중 회사에서 전략을 짠 것 이외에는 전부 하지 않았어도 별 상관이 없었음을 알 수 있다.

지금부터라도 전략 혁신을 생활화할 필요가 있다. 일단 어제 한 것들 중에서 가장 중요하지 않았다고 생각되는 한 가지를 오늘은 하지 마라. 오늘 잠자리에 들기 전에 이를 평가해 보고, 안 해도 문제가 없었다면 앞으로 계속 하지 않아도 지장이 없을 것이다.

하루에 문자를 백 개 정도 보낸다면 내일부터 쓰지 말아 보아라. 월급이 깎이는 것도 아니고, 학점이 떨어지는 것도 아니다. 이성 친구가 당신을 떠나는 것도 아니다. 물론 매일 애정 어린 문자를 수십 개씩 보내다가 갑자기 안 보내면 친구가 이상하게 생각할 수는 있다. 이럴 때는 그냥 전화해서 문자 습관을 끊었다고 알려 주면 된다.

냉정하게 들릴지도 모르겠지만 부자들은 만나는 사람들과의 관계에까지 전략 혁신을 꾀하는 경우가 비일비재하다. 이는 부자가 아닌 사람들은 이해하지 못하는 부자의 나쁜 점 중 하나다. '부자가 되고 나서부터 그 친구가 나를 멀리한다'고 느낀다면 그 친구는 부자의 속성을 배워 가는 중이라고 생각하면 된다. 부자가 아닌 사람들은 인간관계에서 전략 혁신을 추구하지 못하는 것이 사실이다. 그래서 부자는 냉혹하고, 부자가 아닌 사람들이 인간적이라는 말이 나오는 것이다.

부자는 끊임없이 생각하고 스스로 만들면서 깨우친다. 남에게서 모든 것을 배우면 스스로 발전하기 어렵다. 나는 이를 '확산 장애Expansion Barrier'라고 이름 붙였다. 부자는 스스로 결정하고, 부자가 아닌 사람들은 남의 결정에 뒤따라간다.

스스로 결정하여 성과를 내려면 스스로 터득하고 배워야 한다. 물론 남들에게서 배울 필요가 있는 분야도 있겠지만 그때에도 책을 읽거나 정보를 간단히 요약하여 스스로 공부하는 것이 좋다. 개념과 지식을 본인이 직접 만들어 가는 것이 제일 좋고, 남이 만들어 놓은 것을 스스로 이해하는 것이 그 다음이고, 일방적으로 남에게 교육받으면서 배우는 것이 가장 마지막에 택하는 방법이다. 그래서 사교육처럼 남에게 배우는 것은 효과가 떨어진다. 자녀 역시 부자가 되기를 바란다면 사교육이 아니라 스스로 창의성을 키울 수 있도록 도와주어야 한다. 물론 자녀가 남과 거의 비슷한 수준에도 못 미쳐 어쩔 수 없이 사교육을 해야 할 수도 있다. 그렇지 않은데도 자녀의 교육을 전문적인 사교육에만 의존하는 것은 부모의 욕심일 뿐이다. 사교육을 받으면 받을수록 자녀의 창의성은 줄어들 것이다.

불편하다고 느낀 점을 하나씩 고쳐 나가면 모든 일이 잘 해결된다. 살다 보면 바로잡고 싶은데 마땅한 방법이 떠오르지 않아 답답할 때가 있다. 이때 불편함을 느낀 이유에 대해 곰곰이 생각해 보면 일이 금방 해결될 수 있다.

머리나 이마에 약품 종류를 바를 때를 떠올려 보자. 약이 흘러내려 곤란했던 적이 있을 것이다. 눈에 들어가면 따끔거리고, 얼굴에 닿으면 찝찝하다. 이 문제를 해결하기 위해 아주 작은 모세바늘을 만들어 낸 중소기업이 있다. 아주 가늘어 적은 양으로도 충분히 바를 수 있고, 혹시라도 피부를 찔러도 아픔을 못 느끼도록 만든 것이다. 또 다른 예로 예전에 보청기를 쓰던 노인들은 귀에 딱 맞는 보청기가 별로 없고, 성능에 비해 터무니없이 비싼 가격에 불평을 늘어놓곤 했다. 이것에 착안한 사업가는 수백 명의 노인들을 대상으로 귓구멍을 측정해서 평균값을 알아냈다. 그것을 토대로 보다 가격을 낮추고 비교적 성능이 좋은 보청기를 만들어 좋은 반응을 얻었다고 한다. 이 외에도 수업 시간에 들은 내용을 정리하는 자습용 프로그램이 필요하다고 생각하여 개발한 청년이나, 음식을 만들 때 연기와 냄새가 나지 않게 하는 조리기를 고안해낸 주부 역시 많은 사람들에게 호평을 받고 있다.

  남에게 돈을 벌어다 주려고 일하는 것이 아닌 나의 돈을 벌기 위해서 일하는 것이 부자첩경이다. 생각을 바꾸면 길이 보인다. 새로운 방식을 찾는 것이야말로 부자가 되는 첫 걸음이다. 이때 새로움은 항상 본질적인 것에 초점을 맞추어야 한다. 따라서 남들과 똑같이 생각하는 데서 그치지 말고 어떻게 해야 보다 나은 결과를 얻을 수 있을지 고민하여 도전해 보는 자세를 가져야 한다. 남들과 같아서는 부자가 될 수 없다. 남들과는 다르게 생각하고 남들보다 앞장서서 행동해야만 부자가 될 수 있다는 점을 명심하자.

4부
철학이 있는 부자가 진정한 부자

부자25훈

직장, 내 사업이 아니면 버려라

　이 세상에 당신을 위한 직장은 아무 데도 없다. 심하게 표현하면 당신은 직장 오너의 소모품일 뿐이다. 그들은 당신이 필요할 때만 대접해 주고, 필요가 없어지면 언제든지 내보낼 수 있다. 마흔 살이면 나가야 하는 운명이다.

　당신이 직장을 버려라. 직장이 당신을 버리기 전에 먼저 그만두어라. 내가 만든 것이 아닌 직장을 다녀서는 부자가 되기 힘들다. 부자가 되고 싶다는 간절한 소망을 가진 채 직장을 다니고 있다면 빨리 그만둘 준비를 하는 것이 좋다. 직장을 다니면 부자가 될 수 없는 세 가지 이유가 있다.

　첫째, 직장은 당신의 것이 아니다. 당신이 다니는 직장을 만든 사람의 것이다. 오너와 고용인은 완전히 다르다. 오너는 자신이 하고 싶은 것을 남에게 시키는 사람이다. 고용인은 오너의 생각을 따르는 사람이다. 오너만 부자가 되는 것이 세상의 이치다.

둘째, 직장은 당신을 위해 존재하는 것이 아니다. 오너의 생각을 따르며 열심히 일해도 결국은 오너에게 이득이 가장 많이 돌아가게 되어 있다. 당신은 단지 오너의 돈을 벌어 주는 데 조력하는 행위의 대가를 월급으로 받고 있을 뿐이다. 당신이 뼈 빠지게 일해서 얻는 이득보다, 오전에 잠깐 회사에 들렀다가 오늘 점심은 누구와 먹고 저녁은 어디에 가서 즐길까 고민하는 오너의 이득이 훨씬 더 큰 것이다.

셋째, 직장 생활은 영원하지 않다. 당신이 직장을 스스로 그만둘 확률보다는 직장이 당신에게 나가라고 할 확률이 더 크다. 회사에 대한 당신의 애정이 하늘을 찌른다고 하더라도 직장은 언젠가는 당신을 내보낸다. 재벌 회사에서 아주 잘 나가던 CEO들도 때가 되면 다 나왔다.

그럼 어떻게 해야 하는가? 당장 암으로 투병 중인 어머니의 병원비와 생활비를 어떻게 감당하는가? 코스닥 주식 투자의 빚은 어떻게 갚으란 말인가? 대학 졸업장을 받는 데 들어간 돈이 얼만데 이제 와서 직장을 다니지 말라는 말인가?

도전 정신을 갖고 있다면 아예 처음부터 직장을 다니지 않는 것이 낫다. 대학까지 가서 공부한 것이 아깝다고 느껴지면 어느 정도 직장 생활을 하는 것이 좋을 것이다. 그러나 무엇보다 중요한 것은 직장에서 당신을 버리기 전에 당신의 직장을 직접 만들어야 한다는 것이다.

평균 수명이 기하급수적으로 늘어나면서 스스로 직장을 그만두는 경우가 늘고 있다. 아직 젊다면 하루라도 빨리 직장을 그만둘 계획을 미리 짜 놓는 것이 바람직하다.

구체적으로 예를 들어 보자. 투병 중인 어머니의 병원비를 내려면 월급이 필요하다. 그러나 당신이 월급에만 신경을 쓰고 있는 사이에 직장은 당신을 120% 활용한다. 새로운 직장을 만들 각오가 있고 창의적인 아이디어와 추진력이 생기면 다른 방식으로 병원비를 마련할 수도 있다. 집을 병원비로 전부 사용하기로 하고, 그동안 다닌 직장의 퇴직금을 새로운 사업 밑천으로 사용할 수 있다면 당장 그만두어도 된다.

주식 투자 빚은 언젠가는 갚게 될 것이다. 직장에서 받는 보너스를 모아서 갚거나, 어린 자녀의 사교육비를 줄여서라도 언젠가는 갚을 수 있을 것이다. 그러면 지금부터 본인의 직장을 만들 준비를 하면 된다. 정 두려우면 친정어머니와 함께 음식점을 하다가 일이 어느 정도 손에 잡히면 그때 과감하게 나오면 된다.

많은 사람들의 문제는 '자신의 미래를 언젠가는 그만 둘 직장에 맡기고 있다'는 사실이다. 아무런 소득 없이 재산만 20억 원을 가진 것보다는 갖고 있는 총 재산은 3억 원인데 매년 1억 원씩 받는 사람의 미래가 훨씬 더 밝다. 중요한 것은 그 1억 원이 언젠가는 그만 둘 직장에서 나오면 안 되고, 직접 통제할 수 있는 직장에서 나와야 한다는 사실이다.

큰 재산을 가지고만 있으면 재산세가 나왔을 때 은행에서 빌려서 내고는 몇 년 후에 가진 재산이 모두 경매에 넘어가는 상황이 생길 수 있다. 이런 것을 피하려면 나이가 몇 살이든 상관없이 본인이 통제할 수 있는 직장에서 나온 소득으로 1억 원을 모을 수 있는 구조를 만드는 것이 중요하다. 이렇게 되면 소득 기반을 넓힐 수 있는 기회를 얼마든지 잡을 수 있다. 본점이 되면서 프랜차이즈 가맹 사업에 뛰어들 수도 있고, 벤처 캐피탈의 투자를 받을 수도 있고, 친한 사람들과 공동 사업을 시작할 수도 있다.

중요한 것은 자신의 통제하에 있는 일의 경쟁력을 만들어 놓는 것이다. 어떤 일이든 시작해서 안정되기까지는 적어도 10년은 걸린다. 아무런 계획도 없이 직장을 다니다가 쫓겨나면, 그때부터 새롭게 준비해서 10년이 지나는 동안 마땅한 소득이 없어 힘들어진다. 그러나 직장을 다니면서 소득이 있는 동안에 그만둘 준비를 면밀히 하거나, 생활비 부담이 그다지 크지 않은 젊은 시절에 일찍 나오게 되면 당신은 10년을 더 버틸 수가 있는 것이다.

부자26훈

학력을 높이는 일에 얽매이지 마라

빌 게이츠, 스티브 잡스, 마크 주커버그의 공통점은 무엇일까? 전부 대학 중퇴자라는 점이다. 부자가 되는 것과 높은 학력은 별로 관계가 없다. 학력이 높아서 부자가 되는 게 아니라, 학력을 높이는 데 노력을 쏟으며 어느 정도는 부자가 될 수 있다는 것이다.

지구상의 부자 1100만 명 정도는 '자기 생각대로 운영할 수 있는 자신만의 일을 만들어서' 부자 반열에 올랐다. 세계적인 부자 전문가들이 공통적으로 언급하는 '부자 되는 법'이 바로 자수성가형 사업가 되기이다.

미국 대학 졸업생의 85%가 원하는 직업을 못 찾고 있고, 우리나라도 대졸자의 10% 정도만이 대기업에 취업한다. 대학 등록금 문제와 청년 실업 문제를 해결하기 위해 나는 '시간-공간 병렬 정위Time-Space Juxta Position'라는 개념을 만들었다. 시간을 단축하고 공간을 압축하는 것을 동시에 추진한다는 뜻이다.

먼저 대학 등록금을 구조적으로 줄이기 위해서 우리나라 대학에도 3학기제와 4학기제를 본격적으로 도입할 필요가 있다. 국내에서는 각각 한 곳씩, 단 두 개의 대학에서만 시행 중인데 앞으로 모든 대학에서 이 제도를 시행하면 빠르게는 3년 정도면 대학을 졸업할 수 있다. 뿐만 아니라 정부가 일반 대학보다 등록금이 훨씬 저렴한 사이버 대학을 집중적으로 지원해서 대학 진학 희망자들을 사이버 대학으로 유도하면 전반적인 등록금 인하에 도움이 될 것이다.

또한 대학 자체를 지식을 개발하는 '연구 대학'과 직업을 개발하는 '생활 대학'으로 구분해서 생활 대학은 취업과 창업을 시간적·공간적으로 병행하도록 해야 한다. 우리나라에서 대졸 학력이 필요한 직업은 33%가 채 안 되는데도 취업 준비생의 80% 이상이 대졸자인 것이 문제다. 연 매출 1000억 원대인 어느 중소기업체 회장은 이렇게 말한다. "우리 젊은이들이 왜 취업만 하려는지 이해가 안 됩니다. 1960년대에는 취업할 곳이 없으면 맨손으로 창업했는데……." 그는 개인 재산 백억 원이 훨씬 넘는 부자다.

전 세계에서 부자가 되는 가장 좋은 방법은 창업이고, 우리나라 전 국민의 99% 이상은 부자가 되고 싶다고 말한다. 이를 위해서는 우선 국내 소수 연구 지향 대학을 제외한 취업 지향 대학들은 취업 대비 100분의 1 규모도 안 되는 현재의 창업 비중을 열 배 이상 늘려야 한다. 대학에서도 매 학기 한 개 정도의 과목을 창업 과목으로 배정하고 각 전공과 연계하거나 독립 창업을 대학, 사회, 국가에서 지원해야 한다. 주말에 창업 연계 실습을 할 수 있도록 현장 창업형 교육을 하는 것도 필요하다. 청년 창업이 가능한 분야로는 인터넷, 디자인, 외식, 유통업 정도가 있다. 전국에 있는 거의 모든 대학이 이 분야와 관련된 전문 지식을 강의하고 있다. 현재 필요한 것은 모자라는 현장 지식뿐이다.

또한 대학 법인이 직접 투자한 대학생 벤처를 지금보다 열 배 이상 늘리고, 독립 벤처들도 수십 배로 늘릴 필요가 있다. 대학생 창업 기업에 투자할 전 국민 크라우드 펀딩도 얼마든지 가능한 방법이다. 이에 정부에서는 홈쇼핑 채널을 현재의 다섯 개에서 배 이상으로 늘리고 그중 절반 정도를 청년 창업 업체들의 제품과 서비스를 판매하는 채널로 할애할 필요가 있다. 홈쇼핑 채널의 증대는 비용이 많이 들지 않으면서도 청년 창업 판매망을 대폭적으로 늘릴 수 있는 획기적인 방안이다. 홈쇼핑에서 국내 판매력이 입증된 제품들은 대기업의 해외 판매망을 통해 중국과 일본에 판매할 수 있다. 이때 대학생들이 중국과 일본으로 진출할 수 있도록 정부와 대기업이 돕는다면 20~30대 청년 실업의 해소에 큰 도움이 될 것이다. 중국은 의류 사업이 잘되고, 일본은 인터넷 분야가 약하니 우리나라 청년들에게는 좋은 기회다.

만약 청년들이 개발하는 시제품이 좋은데 판매가 안 되고 있다면 청년 기업과 대기업의 공간 병합을 시도해 볼 수 있다. 대기업이 공간을 제공하고, 청년 기업들이 개발한 가능성 있는 제품을 선별해서 상품화한 다음, 청년 기업에 로열티를 주는 형식으로 판매하는 것도 하나의 방법이다.

정신이 물질을 만든다. 인간이 만든 최고의 정신은 대부분 대학에 있다. 우리 생활에 도움이 되는 학문이기에 대학에서 가르치고 청년들이 배우는 것이다. 창업은 부자가 되는 검증된 방법이자, 수백만 명에 달하는 청년 실업의 문제를 해결할 수 있는 좋은 방법이다. 생각을 바꾸고 새롭게 도전하면 청년 창업 대국으로 가는 길이 열릴 것이다.

부자27훈

남들이 3년 하는 일을 1년 안에 끝내라

'부자 되기'에도 필요하지 않은 것을 없애는 '압축 과정'이 필요하다. 부자가 되려면 창조의 신이 되어야 한다. 새로 만든 개념인 '과정 압축Process Cut'은 가치 창조의 중요한 요소 가운데 하나다. 별로 힘들이지 않고 석 달이면 해낼 수 있는 일의 100배를 3년 목표로 정하고, 그 3년 동안의 과정을 1년으로 줄일 수 있도록 노력하면 쉽게 부자가 될 수 있다. 그러려면 목표에 직접적으로 큰 영향을 주는 것 중 최우선적인 것만 선택해서 하면 된다.

예를 들어 보자. 청주를 넣은 우동을 만드는 데 6개월이 걸렸다는 이야기를 들었다면, 나는 막걸리 넣은 비빔밥을 한 달 안에 만들겠다는 각오를 해야 한다. 상큼한 우동 육수를 만들어낸 사람을 찾아가 우동 100그릇어치의 돈을 미리 주고 "앞으로 100번 와서 먹을 테니 비법을 찾은 순간이 어떠했는지 이야기해 주십시오" 하면 미소를 띠면서 살짝 귀띔해 줄 것이다. 대한민국에서 크리스털 액자를 처음으로 만든 사람은 부자가 됐고, 최초로 와인 사업을 시작한 사람도 부자가 됐다.

요새 아파트가 잘 안 팔리니, 가격을 낮춰 달라는 부동산 중개업자가 있다면 미리 적당한 비용을 주고 이렇게 말한다. "가격을 좀 올려서 잘 팔아 주시면 원하는 복비의 세 배를 드리겠습니다." 그러면 중개업소 사장은 여기저기 부리나케 전화를 할 것이다.

고등학교를 졸업할 때 반드시 대학에 가야 한다는 부모님의 성화에 못 이겨 야간 대학에 입학한 사람들이 지금의 50대다. 새벽 6시면 일어나 남대문 시장에서 하루 종일 옷을 팔고 야간 수업을 들으러 갔던 그들은 남들이 대학을 졸업하고 취업을 걱정할 때 어엿한 사장이 됐다. 20~30대 청년 실업이 심각하다고 하는데, 그들이 선대의 지혜로운 부자들처럼 과정을 압축한다면 무지갯빛 미래를 맞이할 수 있을 것이다.

대학에 입학했다면 1학년 때부터 인턴십을 해서 3학년 때 중소기업체에 취업하는 좋은 방법이 있다. 수업은 몰아 들으면서 주말에도 회사에 나가면 된다. '투잡 알바'를 생활화하면서, 친구들은 멀리하는 편이 낫다. 이성이 필요하면 부모님에게 부자가 되고 싶으니 바로 결혼을 시켜 달라고 한다. 미래에 훌륭한 부자가 되어야겠다는 커다란 목표를 세우면 삶의 방향이 뚜렷해진다.

　은행 지점장인데 은행 밖에서도 고개를 90도로 숙이며 인사하는 사람은 십중팔구 부자이므로 어떻게 해서든 친해질 수 있도록 노력한다. 먼저 여러 번 함께 식사를 하면서 배움을 청한다. 그 사람이 성공했다는 일을 자신에게 맞게 바꾸어 그 사람이 성공하는 데 걸린 시간의 절반 안에 수행하도록 한다. 하다 모르는 것이 있으면 대형 서점에 가서 관련 책을 읽으며 이해하려고 노력한다.

　군대에서 전역한 후라면 곧바로 복학하지 말고, 머릿속에 떠오르는 생각이 있을 때 세무서에 가서 바로 사업자 등록을 하여 한 달 안에 승부를 본다. 한 달 정도 해보고 성공할 가능성이 보이면 배우자를 끌어들이고, 6개월 동안 망하지 않았다면 친형제와 배우자의 형제들을 끌어들여 법인을 낸다. 창업은 배우자와 친인척들의 돈을 빌려서 하되, 주식은 100% 내 이름으로 하고 빌린 것은 나중에 갚는다.

　동분서주하면서 내가 숨 쉬는 시간이 근무 시간이라고 생각하고 있는 힘껏 노력해 보자. 남들이 못한 것에 도전해 보고, 실패하면 그 이유가 무엇인지 찾도록 노력한다. 에디슨이 2000번 넘게 실패한 후에 전구를 만들었다는 사실을 항상 마음에 새기면서 1999번까지는 무조건 시도해 보자고 자신과 약속한다. 여성들의 경우에는 초기 창업에서 밀리면 바로 좌절한다. 이것은 자신을 버리는 행위다. 좌절할 필요가 없다. 인내심을 기르면서 승부를 걸어라. 좌절에서 이기는 법을 스스로 터득해야 한다.

인터넷에서 아무리 찾아도 정보를 얻을 수 없는 분야에 도전한다. 해답은 이 세상 누구도 모른다. 내가 해버리면 나는 세계 최초로 새로운 시스템의 창업자가 되는 것이다.

하루에 두 끼만 먹으면 돈도 아끼고 몸도 날씬해진다. 이메일로 약속하는 습관을 기르고 비싼 스마트폰은 친구의 것을 잠깐 빌려 사용한다. 자동차도 필요하지 않다. 독창적인 아이디어를 사람들이 좋아하도록 만들겠다고 생각하면 당신은 과정 압축의 천재가 될 수 있다. 환상적인 아이폰을 만들고 떠난 애플의 스티브 잡스처럼 말이다.

눈에 보이고 손에 잡히는 그 무언가를 새로 만들어 내려면 남들은 2년 동안 하는 일을 1년 안에 끝내야 한다. 아무도 하지 못한 생각의 단초를 찾아내고 주위에서 찾은 방법들을 과감히 압축해서 추진해야 한다. 과정을 압축하면 시간도 벌고, 새로운 경쟁력도 생겨난다.

자녀의 과외를 돕다가 뒤늦게 공부의 매력에 빠져 학원까지 차린 여성도 있다. 처음에는 사무실 비용이 만만치 않아 멀리 있는 친정집의 허름한 빌딩에 학원을 차렸다. 영어 선생과 수학 선생을 두었는데 학생 수가 적으니 상대적으로 인건비가 너무 많이 들어 일단 수학 선생만 두게 되었다. 고민 끝에 대학을 졸업하고 대기업에 다니던 남편에게 퇴근 후와 주말에 영어 교재를 만들어 달라고 부탁했다. 그런데 남편의 영어 교재가 독특해서 학생들의 흥미를 끌자 아예 주중 야간 영어 수업을 남편에게 맡겼다. 필요 없는 과정의 압축을 거듭한 결과 학원은 크게 번창하게 되었다.

남만큼 하는데도 결과가 좋지 않다고 생각한다면 과정을 압축해 보라. 그러면 의외로 큰 효과를 볼 수 있다. 많은 부자들이 이렇게 부를 쌓아 성공할 수 있었다.

어느 여성은 결혼 전에 상대에게 다음과 같은 다짐을 받아 두었다. "나는 평생 집에서 밥을 하지 않을 거다. 그냥 하루 세 끼를 외식하고 각자 하고 싶은 일을 하고 살자." 결혼 서약을 망설이던 애인의 요청에 선뜻 응한 남자는 평생 후회하며 살았다. 신혼여행을 다녀온 이후 부인이 진짜 밥을 하지 않는 것이었다. 아예 혼수 자체에 밥통과 식사용 살림살이가 없었다. 심지어 태어난 아이들이 학교에 다니는데도 밥을 하지 않았다. 화가 나서 여러 번 싸우기도 했지만 여자의 결심은 바뀌지 않았고 결국은 평생 그렇게 살았다.

그러는 동안 그 주부는 무엇을 했을까? 결혼 직후부터 영업 사원으로 일한 부인은 명문대 의대를 나온 남편보다 훨씬 더 많은 수입을 벌어들였다. 이에 남편은 새벽에 시리얼과 우유를 꺼내 놓고 출근하는 아내의 뒷모습에 화가 나다가도, 그런 아내가 매달 보여 주는 통장을 보면 금세 이해하고 마는 것이다.

'부'는 손에 잡힐 듯하면서도 잡히지 않는 속성이 있다. 남과 다른 물질의 탑을 쌓으려면 생각부터 바꾸어야 한다. 아침에 하는 화장과 저녁의 TV 드라마 중 한 가지는 포기하는 것이 바람직하다. 승진했으니 집들이해서 한턱내라고 하면 그냥 밖에서 대접하면 된다. 남들을 집에 초대하지 않으면 가구를 20년씩 써도 아무도 모른다. 새로운 가구를 들여 놓을 돈이 있으면 도시형 생활 주택에 투자하는 것이 낫다.

스스로 공부해서 자녀를 가르치면 학원비도 아낄 수 있고, 자녀와의 애정도 돈독해진다. 계절마다 준비하던 남편의 양복을 3년에 한 번 사는 것으로 하고, 그렇게 모은 돈은 즉시 연금에 들어서 자녀들에게 상속하면 절세도 되고 은행 이자 정도를 매월 챙길 수 있다.

우리가 매일 아무 생각 없이 하고 있는 일들 중 90%를 생략하더라도 크게 불편하지 않을 것이다. 해볼 생각을 안 해서 그렇지 실제로 해보면 전혀 느끼지 못한다. 자신이 새로 찾은 일에 이렇게 생략한 90%의 시간과 비용 그리고 노력을 온전히 쏟는다면 남들보다 훨씬 더 빠르게 성공할 수 있다.

비싼 옷을 사지 말고, TV 보는 시간을 줄이고, 친구와의 대화를 10분 이내로 줄이면서 시간을 벌어라. 주말에 친인척이 하는 음식점에 나가 도와주면서 배우면 새로운 음식점을 창업하려고 할 때 도움이 될 것이다. 자가용이 없어도 생활에 큰 지장은 없다. 잘 사는 친척들과의 모임에 가야 하는 경우가 종종 있다면 그때마다 기사가 있는 대형차를 빌려도 자동차 보험료 1년 치보다 적게 든다. 이렇게 압축하고 압축해 보는 습관을 지금부터라도 길러야 남들보다 한발 앞서 나갈 수 있다.

부자28훈

안철수처럼 생각하고, 정주영처럼 행동하라

의사가 컴퓨터 바이러스를 찾아내는 일로 직업을 바꾸고, 자동차 수리업을 하던 젊은 사장이 건설 회사를 세웠다. 안철수 교수와 정주영 회장의 이야기다. 이들의 공통점은 남들이 시도해 보지 않은 것에 도전했다는 것이다. 그러려면 강철 인간이 되어야 한다. 무엇이든지 뚫을 수 있는 강철 인간이 되어라.

대기업이든 중소기업이든 본인이 선택하면 된다. 일만 하면서 좋은 대우를 받고 싶으면 대기업을 선택하고, 월급이 적더라도 편하게 일하면서 창업할 수 있는 기회를 찾으려면 중소기업이 더 낫다. 중요한 것은 남들이 시도해 보지 않은 것을 시도하면 성공할 수 있다는 점이다.

우리나라의 높은 교육열은 개인적·사회적으로 좋은 면도 있고,

나쁜 면도 있다. 어머니들의 불타는 교육열이 자녀를 몰아붙여서 공부를 하게 한 것은 선진화의 초석이 되었다. 반면에 온갖 변칙을 써서 자녀를 사교육 전쟁터로 밀어 넣는 어머니들의 치맛바람은 자녀들의 창의력을 감소시켰다. 부모가 밀면 자녀는 딱 그만큼만 성장한다. 그렇게 자란 아이는 커서 새로운 것에 도전하기 힘들다. 남들이 한다고 무작정 사교육만 앞세우지 말고, 자녀가 스스로 새로운 것을 할 수 있도록 부모는 올바른 방향을 제시해 주기만 하면 된다.

최근에는 불타오르는 욕망을 창업에 투입해 미래를 담보로 성공한 20~30대 청년 부자들이 많다. 이들이 실패를 극복한 경험을 널리 전파시키는 것이야말로 청년 실업 인구가 수백만 명에 달하는 이 시대에 하나의 해법이 될 수 있다.

아르바이트 해서 번 500만 원으로 '100% 우리 농산물 김치' 사업에 뛰어든 대학생도 있고, 졸업 후에 벌어 놓은 단돈 100만 원을 가지고 고등학교 때 쇼핑몰 모델을 한 경험을 되살려 남성 전용 쇼핑몰을 차려 대박을 낸 청년도 있다. 고등학생 때 백댄서를 하고 한때는 보석 원자재 수입에도 나섰다가 최근에 사진 전용 앱을 만들어 아시아 유망 벤처 표창까지 받은 청년도 있다. 이 외에도 하루에 한 명씩 미혼 남녀들을 소개해 주는 SNS 서비스를 선보여 월 매출 1억 원을 넘긴 20대 여성, 도검과 가스총을 차고 여성 전용 경호 벤처 사업을 차려 직원을 수십 명 넘게 고용한 30대 여성도 있다. 원본 동영상과 복제 동영상을 구분하는 기술을 개발한 청년 사장은 해외에서 투자를 받았고, 우리나라 드라마에 시청자들이 스스로 외국어 자막을 덧입힐 수 있는 프로그램을 만든 젊은 부부도 미국 벤처의 떠오르는 우상이 되고 있다.

이들 모두는 창업 전후의 좌절과 실패를 딛고 일어섰다. 한때의 실패로 부모가 낙심하고 학교를 그만두었으며, 믿었던 동료의 배신으로 자살 충동마저 느꼈으나 결국은 극복해냈다. 이렇게 실패를 통해 새로운 성공의 황금길을 찾아내는 것을 '실패 내부화 Failure Internalization'라고 개념화한다. 이는 실패한 원인의 유형을 분석해 자기 통제로 수용하고 반성하는 과정을 통해 성장의 토대로 삼는 것을 의미한다. 이제 막 날갯짓을 시작한 부자들을 만나 이야기해 보자. 그들의 생생한 체험 언어는 '살아 있는 부자학 교과서'다.

지금은 세상을 떠난 스티브 잡스에게도 실패의 역사는 많고도 많았다. 인터넷에 검색해 보면 대한민국 최고 재벌들이 실패했던 기록들도 쉽게 찾을 수 있다. "될 것 같은 일이 안 돼서 해외 도피 직전에까지 몰렸던 적이 한두 번이 아니다"라고 추억하는 연로한 부자나 "20년 동안의 경험과 7년을 투자한 창업이 무너져 시력을 잃을 뻔한 적도 있다"는 중년 부자의 되새김은 그들에게 유쾌한 추억거리로 남아 있다. 실패는 끝이 아니라 미래의 성공을 위한 최고 선생이라는 것을 깨닫는 사람들이 부자가 될 수 있다.

위와 같은 사례들은 '부자란 자신이 좋아하는 일을 지속적으로 수행하는 사람이다'라는 개념과도 부합한다. 원하지 않았던 청년실업의 늪에 빠져 있는 청년들은 지금 시작해 보는 것이 바람직하다. 가장 좋은 준비는 직접 해보는 것이다. 지금 해보고, 실패하면 그 이유를 생각해 본다. 실패의 수수께끼를 풀어 나가는 것은 인생에 좋은 경험이 된다. 어머니에게 물어보고 애인에게 물어보고, 심지어 나를 배신한 사람들에게도 안부 전화를 해서 이 생각, 저 생각에 대해 타진해 보는 자세를 가져야 한다. 이때 실패의 이유를 내부와 외부로 구분하여 파악해야 한다. 내부의 문제(돈, 사람, 기술)는 비교적 극복하기 쉬운 편이다. '돈이 모자랐다' '부모님이 너무 강하게 반대해 의기소침해졌다' '취업과 창업을 병행하느라 힘들었다' 등의 내부적인 문제는 자기 통제력이 발휘되면 극복할 수 있다. 돈이 모자라면 절약하면 된다. 부모님이 반대하면 일단 일부만 보여드리면 된다. 취업과 창업을 같이 하겠다는 것은 애초에 잘못 생각한 것이니 다른 계획을 세워야 한다.

그러나 외부의 문제(제도, 유행, 경쟁)는 다르다. '정부에서 건강 유해 판정을 내렸다' '사람에게 나쁜 것을 팔면 안 된다' '유용한 제품인데 시대 흐름보다 너무나 빨랐다' 등은 빼어난 천재들이 부자가 되지 못하는 이유다. 시대보다 다섯 달 정도만 빠르면 충분하다. 10년 이상 빠르면 소용이 없다. '세계적인 대기업들이 국내에 진입하면서 모든 것이 엉망이 됐다'고 변명할 수도 있다. 매출이 100조 원을 넘는 대기업에는 어쩔 도리가 없기 때문이다.

내부 요인으로 의한 순간의 실패는 70% 이상 성공한 것이나 다름없고, 외부 요인에 의한 상황적 실패도 30%는 성공한 것이다. 내부 요인이 문제면 바로 잡아 다시 진행하면 되고, 외부 요인 때문이면 심사숙고가 필요하다. 이때 유행과 관련된 외부 요인이라면 내부화할 수 있는 방법이 있다. 시간적인 여유를 갖고 후원자를 모집하면서, 기존의 제품보다 다소 떨어지는 것을 내놓아 소비자들이 새로운 개념에 서서히 눈뜰 수 있도록 하는 것이다.

이 세상에서 시장을 온전히 통제할 수 있는 사람이나 기업은 존재하지 않는다. 그러나 시장의 새로운 길을 개척하는 것은 학력, 경력, 나이, 성별 등과는 상관없이 누구나 할 수 있다. 못한다고 생각하는 것은 부자가 되기 힘든 최대의 패인이다.

부자29훈

배우자를 가장 충실한 파트너로 만들어라

　세상에서 가장 믿을 수 있는 짝은 부부다. 부자가 되는 데는 자신과 함께 헌신적으로 일을 할 사람 한 명만 있으면 충분하다. 대통령이 되는 데에는 약 300명 정도의 도움이 필요하다고 하는데, 부자는 부부 두 명이면 될 수 있다.

　부부가 함께 부자가 되는 가장 좋은 방법은 직장에 다니면서 창업 전략을 세우는 것이다. 결혼과 동시에 창업을 할 수도 있으나 실패할 확률이 높다. 1년 안에 창업에 실패할 확률이 80% 정도이고, 10년 이내에 실패할 확률은 97% 정도이다. 따라서 세심하게 준비하지 않으면 성공하기 어렵다. 그럴듯하게 들리는 허브 국수도 실패할 수 있고, 식물성 화장품도 반응이 안 좋을 수 있고, 좋은 택지에 지은 주거형 생활 주택 분양도 마찬가지다. 살면서 성공할 확률보다 실패할 확률이 훨씬 더 높은 이유는 '되는 길은 몇 개 없는데, 안 되는 길은 수천, 수만 가지'이기 때문이다. 따라서 장기적으로는 부부가 같이 창업하는 것이라 해도 경험과 자금과 터전을 따로 마련해 놓아야 한다. 그러려면 5~10년 정도의 준비 기간이 필요하다.

그러면 준비 기간 사이에는 어떻게 생활해야 하나? 모든 소비는 최소한으로 유지한다. 자녀는 생각해 보고 혹시 낳게 되면 시집이나 친정에서 돌봐 줄 사람을 찾아야 한다. 남편이 다니는 직장과 부인이 다니는 직장은 서로 같은 업종일 필요는 없다. 각자 전공에 따라서 원하는 곳에 취업이 되는 대로 일하면 된다. 중요한 것은 함께 새로운 경험을 할 수 있는 곳을 찾아 들어가는 것이 좋다.

그리고 일하면서 부부가 함께 번 소득의 50% 이상은 무조건 저축한다. 모든 생활은 소득의 50% 이내에서 해결하면서 취미 생활도 즐기고 창업 준비도 한다. 그렇게 일을 하다가 부부 중 한 명이 먼저 그만두되, 절대로 같이 그만두면 안 된다. 부부가 동시에 직장을 관두고 사업을 시작했다가 실패하게 되면 재기하기 어려워지기 때문이다.

저축한 것은 적어도 10년 동안 인출할 수 없는 장기 형태로 바꾸어 투자한다. 절대로 쓰지 않겠다고 다짐해도 생활이 힘들어지면 어쩔 수 없이 사용하게 된다. 그래서 바로 사용할 수 없는 방식으로 묶어두는 것이다. 창업을 하면 앞으로 어떤 위험이 닥칠지 모르므로 대부분은 모아둔 예금이나 적금을 해지하곤 한다. 재벌 그룹도 크게 다르지 않다. 파산을 막으려고 자녀의 적금까지 사용한 회장도 부지기수다.

토요일은 부부가 함께 창업을 준비하는 시간으로 정한다. 주 5일은 각자 회사를 다니다가 토요일에는 느지막이 함께 밖으로 나간다. 같이 소문난 맛집에 가서 점심을 먹고 원하는 새로운 업종들을 찾아다닌다. 서울 명동에서 유명 의류 매장을 돌아보고, 새로 출시된 스마트폰도 구경하고, 수원의 소문난 순대국 가게에 찾아가 저녁을 먹는다. 서울 대학로에서 연극도 보고, 밤늦게 서울 논현동에 있는 허름한 포장마차에도 찾아가 본다. 이런 식으로 부부가 함께 1년에 100가지 정도의 새로운 경험을 맛볼 수 있다. 다양한 경험이야말로 창업의 중요한 자산이 된다.

무엇보다 새로운 것을 찾아내는 것이 중요하다. 이 세상에서 쉽게 볼 수 없고, 인터넷에서 검색이 안 되고, 국어사전에 나오지 않는 새로운 것을 찾아야 한다. 찾은 뒤에는 부부가 함께 이름을 짓는다. 사랑하는 아내의 이름 첫 자와 남편이 좋아하는 게임의 첫 자를 따서 지어도 보고, 주례를 서준 분이 사시는 동네의 이름에 친정 아버지가 좋아하는 술의 이름을 붙여도 된다. 안 되면 영어로, 그래도 안 되면 세계 부자들의 이름을 따서 만들어 본다. 어쨌든 무조건 새롭고 독창적이어야 한다.

세상에 하나뿐인 이름을 만들었으면 그에 걸맞은 새로운 방법을 시도해 볼 때다. 그동안 봐 왔던 수백 가지의 특이한 것들 중 원하는 대로 골라서 적절히 조합하면 된다. 우리나라의 쌈과 외국의 타코를 7:3의 비율로 섞어 새로운 음식을 만들었다고 하자. 이 새로운 음식에 온갖 희한한 것들을 다 넣어 보고 섞어 보아라. 완성되면 함께 먹어 보고 절대로 다른 사람들에게는 보여 주지 말아야 한다. 퇴근 후에 매일 그 음식을 먹다 보면 장단점을 찾을 수 있다. 살이 빠지면 다이어트에 좋다고 내걸 수 있다. 맛은 있는데 배가 부르면 반으로 나누어 팔면 된다. 절대로 비법은 아무에게도 가르쳐 주지 말고 매뉴얼도 만들지 마라. 그냥 둘이서 서로 기억하라.

그리고 집에 가족들을 초대하여 이렇게 만든 음식을 대접한다. 다른 반찬은 없이 그 음식만 내놓으면 모두 주목할 것이다. 이때 반응을 살피자. 이 세상에서 가장 가까운 식구들의 반응이 진짜다. 반응이 괜찮으면 또 고치고, 반응이 좋지 않으면 전부 고쳐라. 첫 반응이 모두 긍정적이라고 해도 마찬가지다. 당신은 전문 요리사가 아니다. 그런데 다들 하나같이 좋다고 한다면, 단지 당신이 초대한 자리라서 그렇게 이야기하는 것이다. 사회는 냉정하다. 만족스러운 반응이 나올 때까지 고치고 또 고쳐야 살아남을 수 있다.

  음식이 잘 팔릴 것 같으면 본가나 처가에 "사실은 창업을 하려고 하는데 자금이 부족하니 담보를 부탁드립니다" 하고 이야기한다. 그리고 그동안 모았던 10년짜리 투자 분은 아무에게도 알리지 마라. 부모를 속이는 것이 아니다. 세월과 밀려올 세파에 대비하는 것이다. 그렇게 본가나 처가의 부동산 중에서 하나를 담보로 받아서 은행에 맡기고 사업자 등록을 낸다. 그리고 부부 중 한 명이 직장을 그만둔다. 그리고 다른 한 명은 직장에서 근무하는 시간을 제외하고는 모든 시간을 창업에 적극 지원하며 아이디어와 손을 빌려준다.

  창업 후 1년 동안 성공하면 주식회사로 만들어 함께 100%의 주식을 갖고 시작한다. 그리고 다른 배우자도 직장을 관두고 창업에 올인한다. 그때까지도 빌린 가족의 담보는 그냥 가지고 있는다. 퇴직금으로 은행 이자를 갚아 가면서 3년 동안 버티면 당신의 사업은 성공할 것이다.

부자30훈

남에게 감동을 주는 부자가 되라

　부자가 아닌 사람들은 부자들이 '내 이름을 걸고 약속을 지킨다'는 말을 곧바로 실행에 옮기는 자세를 배울 필요가 있다.
　부자든 아니든 세상 누구에게나 주어진 시간은 공평하다. 그런데도 유독 부자의 말은 신용도가 높다. 부자가 아닌 사람들은 부자가 스스로 내뱉은 말을 얼마나 노력해서 지키는가를 보고 배워야 한다. "유통 업체에 약속한 납기일을 맞추려고 일요일에 처갓집 식구까지 전부 불러내서 기계를 돌렸더니, 그 후에는 항상 믿더라"라는 중소 제조 업체 오너의 마음가짐을 본받아야 한다.
　7년 동안 교회에서 숙식하며 신문을 팔고, 잡화점에서 심부름을 하며 돈을 모은 사람이 있다. 그는 자신과의 약속도 지키고 가족과의 약속도 지켰다. 모시러 오겠다는 약속을 꼭 지키려고 노력했고, 결국은 뿔뿔이 흩어져 있었던 어머니와 동생들을 한 지붕 아래 전부 모을 수 있었다. "그날 저녁밥이 너무나 달콤했다"는 부자의 말은 가족에게만큼은 수표 그 자체나 다름없었다.

1800년대 후반에 수많은 폭도들이 마구잡이로 부를 축적한 양반 계급에 분노하여 혁명을 일으킨 적이 있다. 바로 동학 혁명이다. 빈부 격차가 나날이 심해지면서 내일 입에 풀칠 할 걱정을 해야 하는 상황에 지친 하층민의 분노가 고스란히 드러난 이 혁명은 이조 시대의 근간을 흔들었다. 수많은 부잣집들이 폭도들에게 무참히 짓밟히고 많은 부자들은 피난살이를 떠나야 했다. 그러나 한 부잣집에는 분노한 폭도들 중 누구도 들어가려고 하지 않았다. 그들은 그냥 못 본 척 고개를 숙이고 발길을 돌려서 다른 집으로 쳐들어갔다. 동학 혁명 때 거의 유일하게 살아남았던 집, 그 집은 '경주 최부자집'으로 불린다. 마치 러시아 혁명 때 살아남았던 부자 톨스토이처럼, 많은 재산을 가지고 있던 경주 최부자집은 혁명 중에도 무사했다.

왜일까? 10대 이상이 300년이 넘도록 '부자 시민 행동'(3장 참조)의 본보기를 보인 집이 경주 최부자집이다. 경주 최부자집은 자신들만의 독특한 부자 철학을 가지고 있었는데, 그것은 육훈과 육연으로 불린다. 구체적인 내용은 다음과 같다.

경주 최부자집 가문의 육훈六訓

1. 과거를 보되, 진사 이상은 하지 마라. (당쟁에 얽히지 말라는 뜻)

2. 재산은 만 석 이상 지니지 마라. (욕심을 부리지 말고 사회에 환원하라는 뜻)

3. 과객을 후하게 대접하라. (인정을 베풀어 적을 만들지 말라는 뜻)

4. 흉년기에는 땅을 사지 마라. (가진 자로서 없는 자를 착취하지 말라는 뜻)

5. 며느리들은 시집온 후 3년 동안 무명옷을 입어라. (검소, 절약하라는 뜻)

6. 사방 100리 안에 굶어 죽는 사람이 없게 하라. (상부상조하라는 뜻)

경주 최부자집 가문의 육연六然 – 자신을 지키는 지침

1. 자처초연自處超然 : 스스로 초연하게 지내고
2. 대인애연對人靄然 : 남에게 온화하게 대하며
3. 무사징연無事澄然 : 일이 없을 때 마음을 맑게 가지고
4. 유사감연有事敢然 : 일을 당해서는 용감하게 대처하며
5. 득의담연得意淡然 : 성공했을 때는 담담하게 행동하고
6. 실의태연失意泰然 : 실의에 빠졌을 때는 태연히 행동하라

진정한 부자로서 사회적 공헌을 자발적으로 수행해야 한다는

프랑스의 '노블레스 오블리주Noblesse Oblige'라는 용어보다 훨씬 더 포괄적이고 구체적인 내용을 담고 있는 것이 경주 최부자집의 육훈과 육연이다. 스스로의 처지를 알고, 탐내지 않으며, 사회를 배려하는 마음가짐인 것이다.

물론 경주 최부자집도 처음부터 사회를 향해 완전히 열린 자세를 취한 것은 아니었다. 이들도 처음에는 장리(현재의 고리대금업)로 부를 일구기 시작했다. 상당히 많은 재산을 모은 후에도 사회에 베풀지 않았다. 그러다가 어느 날 집에 물건을 훔치러 온 도둑들에게 얼마의 재물을 빼앗겼다. 그다음 날 아침에 포졸이 도둑들을 잡아 왔을 때 그는 도둑의 악행을 그냥 감싸 주었다. '배가 고파서 부잣집인 우리 집에 쳐들어 온 것인데, 그것을 곧이곧대로 이야기할 수는 없다' 생각하여 그냥 준 것이라고 했다. 외국의 유명한 소설책에 나온 촛대를 훔친 도둑을 용서해 주는 신부님의 언행과 비슷한 것이다.

그렇게 배고픔의 의미를 알게 된 최부자집은 그때부터 자발적으로 사회를 위해 나서기 시작했다. 그들은 원래 양반이 아닌 중인이었다. 그러나 사회를 위해 육훈과 육연에 근거하여 많은 공헌을 하자 그 당시 중인보다 상위 계급이었던 양반들도 경주 최부자집을 인정하기 시작했다.

이런 행위를 대대손손 300년 이상 지속한다는 것은 아주 힘든 일이다. 유럽에서는 부자의 위치에서 3대, 100년이 넘으면 빼어난 부자 가문으로 칭송받는데, 그것보다도 훨씬 더 긴 10대, 300년 이상 부자 원칙을 지켜 온 경주 최부자집은 세계적으로 빼어난 가문이라고 할 수 있다.

1900년대 후반부터 2000년대를 넘어서면서 미국을 선두로 부자들의 재산 기부 행위가 공식화되어 가고 있다. 워렌 버핏과 빌 게이츠를 중심으로 가진 재산의 절반을 세상을 위해 사용하자는 운동이 생겨나고 상속세 삭감에 반대하면서 전 세계 부자들의 귀감이 되고 있다. 재산의 절반을 내놓겠다고 한 수백 명의 부자들의 약속은 전 세계 70억 인구에 감동을 주고 있다.

경주 최부자집은 1950년대에 재산의 절반이 아니라 전액을 세상에 기부했다. 지금의 화폐 가치로 환산하면 대략 1조 원이 넘을 것으로 추정되는데, 그 액수도 놀랍지만 무엇보다 '모든' 재산이라는 것에 주목해야 한다. 실로 경이로운 헌신이 아닐 수 없다.

그 큰 재산을 모으기 위해 그들이 얼마나 많은 노력을 했는지는 육훈과 육연만 살펴봐도 쉽게 알 수 있다. 처음 시집 온 며느리들에게 3년 동안 무명옷을 입게 하면서 아껴서 모은 돈이었다. 또한 지나가는 과객에게는 언제나 배불리 대접하라는 조상의 지시대로 한 후에 남은 재산이었다.

이런 경주 최부자집의 일대기가 1990년대에 어느 대학교수를 통해 세상에 알려진 뒤부터 다른 많은 부자들의 감동적인 이야기들도 널리 전해졌다. 집안 어느 누구도 몰랐는데, 할아버지가 돌아가신 후 전국 각지에서 사람들이 모여들어 그분이 생전에 이룬 훌륭한 일을 말해 준다거나 죽기 전에 주위 수천 명의 빚을 모두 갚아 준 경우 등 우리나라에는 아름다운 부자 이야기가 너무도 많다.

유럽에서 부자 가문들이 번영하고, 미국에서 부자 가문들이 좋은 일을 한다고 세상에 알려지기 훨씬 이전부터 세상을 향해 열린 부자의 마음을 보여준 나라가 우리나라다. 앞으로도 많은 부자들이 솔선수범하여 사회에 베풀고 노력하면 전 국민이 부자가 되어 한층 더 발전한 대한민국이 될 수 있지 않을까 기대해 본다.

부자31훈

돈이 아닌 부자 철학을 물려줘라

　부자가 되는 것에 관심이 있는 사람들에게 적립식 펀드에 투자하는 시기와 오피스텔 투자의 수익률을 예측하는 것보다 훨씬 더 도움이 되는 방법이 있다. 자신과 가족의 옷을 직접 만들어 보고, 함께 먹을 음식을 스스로 요리해 보는 것이다. 전통 시장에서 속옷감을 사서 속옷을 만들어 입어 보자. 투박하기 그지없는 속옷을 재단하고 자르고 꿰매어 만들면 어느덧 그럴싸해진다. 보정 속옷인 스팽스Spanx를 만든 사라 블레이클리Sara Blakely는 1997년에 우리 돈으로 500만 원 정도를 가지고 사업을 시작해서, 2012년에는 매출 1조 원을 넘겼다. 그녀는 자신이 직접 속옷을 만들어 입어 보고 세심하게 작업해서 막대한 부를 창출해냈다.

　전 세계 대부분의 창업자들은 자신에게 가장 필요하다고 생각한 것을 스스로 만들어서 추진하다가 부를 얻었다. 쓰고 싶은 향수를 만들다가 사업가가 되고, 고기를 구울 때 자꾸 기름이 튀어서 전기 오븐을 만들고, 일반 청소기가 먼지를 잘 빨아들이지 못해서 진공청소기를 만들어냈다.

물론 성공의 길은 너무나 험난하다. 처음부터 돈을 벌어 성공하기는 어려우니, 가족들의 속옷 값만이라도 아끼며 생활하는 자세가 필요하다. 이렇게 일 년에 몇십만 원을 절약하면 그다음에는 간편복을 만들어 보는 것도 좋다. 드라마를 보면서 패션 센스를 키우고, 매일 새로운 옷을 입고 나오는 뉴스 앵커의 옷 디자인을 유심히 관찰하고, TV 홈쇼핑에서 잘 팔리는 원단의 질감을 느껴 보면서 취미로 겉옷을 만들어 보라. 그냥 한 달에 옷값으로 50만 원 정도를 아낀다고 생각하고 취미 생활을 하다 보면 당신도 준프로가 될 수 있다.

옷을 만드는 손재주가 없다면, 음식을 하면 된다. 내가 매일 해주는 자녀들의 먹을거리를 색다르게 만들어 보자. 우동을 끓일 때 청하를 약간 넣었더니 수험생인 아들이 입맛이 돌아온다고 하고, 밀가루와 쌀을 적절히 배합해서 만든 칼국수를 딸에게 먹였더니 살이 덜 찌는 것 같다면 성공할 가능성이 있는 것이다.

드라마를 넋 놓고 보고 있지만 말고 시선을 달리해 보라. 남녀의 식사 장면을 보면서 새로운 음식 메뉴를 구상해 보는 것이다.

배우자가 입맛 없어 한다면 근처에 있는 소문난 맛집을 가 본다. 입맛을 돋운 음식점에서는 조금 더 사서 집에 있는 아들과 딸에게 주고, 나머지는 분석해서 만드는 법을 적어 보아라.

물가가 너무 비싸다고, 고유가 때문에 차를 몰고 다니기 힘들다고 투덜대는 대신 스스로 옷을 만들고, 가족의 영양식을 손수 준비하는 당신은 부자가 될 수 있는 자질을 충분히 갖춘 것이다. 취미 생활을 하면서 독특한 것을 개발한 대부분의 사람들은 물질로 인한 고통에서 벗어나 여유롭게 살아가고 있다. 당신도 그렇게 될 수 있다.

부자와 당신의 다른 점은 딱 한 가지다. 부자는 자신이 하고 싶은 일을 할 수 있는데, 당신은 그러지 못했다는 것이다. IMF 때보다 경기가 훨씬 나쁘다고 한탄만 하지 말고, 남는 시간과 숨은 센스를 활용해 보자. 직접 만든 속옷과 겉옷을 팔아보고, 손수 만든 음식을 세상에 선보여 장사가 잘 되면 하고 싶은 일을 어느 정도는 할 수 있다. 하루에 남는 자투리 시간의 절반 정도만 그렇게 투자한다면 당신은 밝은 미래를 맞이하게 될 것이다.

지혜가 많은 사람은 재산을 모을 수 있고 그 재산을 잃어도 다시 새롭게 시작할 수 있다는 불교의 가르침이 있다. 스티브 잡스는 "나는 룰을 내가 만든다"는 유명한 말을 남겼다. 직접 새로운 기술을 만들기 때문에 자신이 주도할 수 있다는 것이다. 가맹점

수백 개를 가진 한 대표의 이야기도 흥미롭다. 그가 대기업 사옥 앞에서 처음 노점을 시작했던 시절, 회사 사람들이 '보기 안 좋다'며 내쫓으려 했다고 한다. 다행히 회장님이 "그냥 두라"고 허락해서 계속 장사를 할 수 있었는데, 당시에 한 가지 원칙을 세우고 이를 꼭 지켰다고 한다. "120만 원을 가지고 노점을 시작하면서 내가 만든 토스트를 먹는 사람들에게 건강한 음식을 제공하겠다는 생각에 설탕을 안 넣었습니다." 그렇게 설탕을 안 넣는 대신 야채의 단맛을 이용해 만들었더니 차츰 입소문이 퍼져 큰 성공을 거두었다고 한다. 사회 환원 차원으로 가맹점 업주들에게 초기 가맹비 2000만 원을 꼬박꼬박 돌려준다는 그는 "수십만 평짜리 어린이 재단을 만들겠다"는 포부를 밝히기도 했다.

이처럼 절약하여 생활하고 독창적으로 생각해서 마침내 부를 이루었다면, 이제는 다음 세대들에게 그 정신과 지혜를 전수해 주어야 할 차례다.

부자는 자녀 교육에 있어 가문의 입장에서는 가문의 철학에 입각해서 공동 부를 수호하면서 확대하는 데에 초점을 맞춘다. 이러한 가정 자녀 교육이 성공하려면 물질의 원천Money Source이 되는 창업주의 혹독한 훈련이 필요하다. 훈련의 요체는 헤프게 생활하면 돈은 급속도로 사라져버린다는 것을 자녀들이 몸소 터득하게 하는 것이다. 또한 개인적인 측면으로는 상류층의 문화를 유지하면서 품위를 지키는 미래형 부자로 양육하는 데 집중하고 있다. 즉, 개인 자녀 교육은 미래형 사회적 지도자로서의 자녀들에게 상류층의 문화를 익숙하게 하기 위해서 언어 사용, 사회적 관계, 문화적 식견, 교양을 배양하는 데에 초점을 맞추고 있다. 따라서 가장 바람직한 부자의 자녀 교육은 이 두 가지가 적절히 조화된 교육이라고 하겠다.

부자들은 가정 자녀 교육이나 개인 자녀 교육에 있어 그들의 생각을 후손들이 이어받는 것을 최우선적인 신조로 삼고 있다. 창업 부자가 재산을 관리할 준비가 되지 않은 자녀들에게 부를 상속하는 경우, 그 부가 유지되는 확률은 20~30% 정도인 것으로 드러났다. 부가 3대까지 유지되는 확률이 1%대로 떨어지는 것은 전 세계에서 공통적으로 볼 수 있는 현상이다. 창조감에 취해 새로운 부를 창출하면서도, 그 부를 유지하기 위한 금전 사슬 구조를 만든 창업자들은 자녀들의 미래까지도 널리 내다볼 수 있다. 그들은 자식에게 더 훈련이 필요하다고 생각하면 새로운 장치를 만들어 내기도 한다.

거부들은 가족 구성원들에게 어릴 때부터 금전 사슬을 바로 만들어 준다. 창업주인 경우에는 자신이 어렸을 때 겪었던 어려움을 자손에게 물려주지 않으려는 의도이고, 상속형 거부들은 자녀들의 안락한 생활을 계속 유지하게 하려는 것이다.

예를 들어, 갓 태어난 손주에게 수십억 원의 주식을 상속하면 손주는 그 주식 자체로 일생의 돈의 흐름을 좌우하는 금전 사슬을 만들 수 있다. 그러면 주식의 배당금이 매년 생기면서 언젠가 주가가 급등하게 되면 담보 가치로서도 충분하게 된다.

그런데 이처럼 금전 사슬을 너무 쉽게 만들어 주면 자손들에게 해가 되는 경우도 있다. 자녀들이 집에는 항상 돈이 흘러넘친다고 착각하는 것이다. 이를 방지하기 위해서는 자손들의 이름으로 주식을 상속하되, 그 주식을 함부로 사용하지 못하게 해야 한다. 만약 그 주식 중의 소수(10주)라도 팔면 아주 큰 곤욕을 치르게 하는 것이다.

이와 비슷하게 창업주나 상속 오너가 자녀에게 사업을 물려주면서 명예 회장으로 물러날 때에도, 경영권은 넘겨주되 주식은 자신이 가지고 있는 경우가 꽤 많다. 이는 자녀들이 그룹을 발전시키지 못하거나 혹은 자신의 의견을 수용하지 않을 때 경영권을 뺏으려는 의도다. 재벌의 금전 사슬을 물려받았다고 해서 그대로 바로 끝나는 것이 아닌 것이다. 그러므로 자식들에게 일생을 편안하게 해줄 버팀목을 하나 만들어 준 것뿐 함부로 사용해서는 안 된다는 점을 반드시 일러 주어야 한다.

어느 부자 의사는 자녀도 의사의 길로 들어서게끔 이끌어 주었고, 자녀가 결혼하자 아파트를 사 주고 병원을 개원할 수 있도록 도왔다. 단, 아파트를 사 줄 때 절반을 자녀의 명의로 대출받게 하고는 직접 벌어서 갚으라 하고 그 돈을 도로 가져갔다. "집을 사 주려면 그냥 곱게 주지, 내 이름을 빌려 놓고는 그것을 가져가시네" 하는 자녀의 불평도 애써 외면했다. 그러고서 그렇게 빌린 돈을 전부 자녀의 명의로 된 거치식 펀드에 넣었다. 그 사실을 모른 자녀는 부모를 원망하며 열심히 절약하여 벌어서 갚았고, 꽤 오랜 시간이 흐른 뒤에 부모가 주는 펀드 통장에 감격의 눈물을 흘렸다고 한다.

또 다른 예로 한 부자 사업가의 딸이 가난한 목사의 아들과 결혼하게 되었는데, 사돈은 집을 사 줄 형편이 아니었다고 한다. 그래서 사위와 딸에게 돈을 빌려 줄 테니 차용증을 쓰고 이자도 꼬박꼬박 갚으라고 하고는 그렇게 매달 받은 돈을 모아서 땅을 샀다. "언젠가는 딸에게 이야기해야겠지요" 말한 부자는 자식에게 노력하면 횡재가 온다는 사실을 알게 하려는 것뿐이었다.

최근에는 절약형 자녀 교육에서 창조형 자녀 교육으로 방향을 바꾸는 신세대 부자 가문들이 늘고 있다. 대학에 들어간 딸에게 2000만 원을 지원하면서 "네가 알아서 해라"라고 한 부자가 있었다. 딸은 그 돈으로 쇼핑몰을 차려 친구와 함께 밤낮으로 동대문 의류 상가를 누비고 다녔다. 비록 몇 년 후 경쟁에 밀려서 쇼핑몰 사업을 접었지만 그 딸은 '도전'이라는 단어를 배울 수 있었다.

또 다른 부자는 딸이 서울에 있는 대학에 진학하자 함께 상경했다. 그리고 학교 근처의 아파트와 상가를 하나 매입해서 딸이 사용하도록 했다. "대학 4년 동안 네가 벌어서 다녀라"라는 아빠의 말에 당황한 딸은 일단 아파트의 방 세 개를 같은 학교 친구들에게 월세를 놓고 자신은 마루에서 지냈다. 그리고 학교에서 배우는 모든 지식을 동원해 상가에서 장사를 했다. 팬시점에서 옷가게, 그리고 음식점까지 번갈아 하면서 세상을 배워 나갔고, 4년 동안 자신이 번 돈으로 대학을 졸업한 후 바로 사업 전선으로 뛰어 들었다. 그렇게 인생에서 취업이라는 단어를 아예 없애버린 창업 여대생은 채 서른 살이 되기도 전에 수많은 미혼남들에게 선망의 대상이 되었다. 부자 아빠의 창조형 교육 방식 덕택이었다.

"내가 맨손으로 시작할 때, 그때는 불황 중의 불황이었다"라고 자녀들에게 즐겨 이야기하는 부자는 자녀들이 미래의 부자가 될 수 있도록 두 가지 단어를 가르치는 것에 초점을 맞추고 있다. 인류 역사상 부자가 되는 가장 중요한 길은 '절약과 창조'다. 절약 없는 부는 물거품이 되고, 창조 없이는 미래형 부를 만들 수 없음을 명심하자.

부자32훈

아름다운 부자의 조건, 배려와 소통

전 세계적으로 부자 가정은 가족 내 협력뿐만 아니라 가족 간 갈등도 일반 가정보다 훨씬 더 많다. 부자 가정이 평온하게 지내는 경우는 거의 없고, 미약하게는 감정 싸움 정도에서 끝나 심하면 돌이킬 수 없는 전쟁으로 치닫기도 한다. 1년에 한두 번 가족이 모두 모이는 큰 집안 행사 때 저마다 시기심으로 가득 차 날선 언행을 보이는 모습은 100년이 넘은 유럽의 부자 가문에서도 쉽게 볼 수 있다. 미국에서는 부자 할아버지가 납치된 손자를 여러 번 무시하다가 납치범들이 손자의 몸에 상처를 낸 이후에야 협상에 나서서 친손자를 구한 사례도 있었다.

우리나라는 부자 역사가 너무나 짧아 풍족함에 비해서 정신적으로 품격이 높고, 사회적으로 존경받는 부자 가문이 그렇게 많지 않다. "나 부자다"라고 서울 광장에서 떠들어도 사람들이 고개를 끄덕일 만한 가문들이 많아져야 '1% 대 99%(소수의 특권 계층과 다수의 비특권 계층 간의 갈등을 의미)'라는 격한 문구가 언론에서 사라지게 될 것이다. 전 세계 부자 역사에 비추어 본 한국의 미래형 부자 가문의 의무와 실천 사항들은 다음과 같다.

첫째, 창업주가 곧은 정신을 갖고 있는 가문들은 그 명맥을 오래도록 유지하고 있다. 이런 가문의 형제들은 가족의 일에 적극적으로 협조하면서 정신우위설을 강하게 믿고 있다. '물질은 허망한 것이고, 가문의 굳건한 틀과 가족 내 우애가 최고의 가치'이므로 이를 유지하겠다는 것이다. 크게 사회적으로 손꼽을 만큼은 아니지만 우리나라의 부자 동네에는 이러한 가문들이 자주 눈에 띈다. 예를 들면 어느 부자 할아버지는 주말에 찾아오는 손자에게 정원의 허드렛일을 시키면서 외부인과 동일한 일당을 지급하고는 반드시 나중에 어디에 사용했는지를 물어본다. 운전기사도 가기 꺼리는 산꼭대기의 넓은 집에 살면서도 동네에 있는 기사 식당에서 6500원짜리 돼지불백을 즐기는 부자도 있다.

"우리 가문이 앞으로 100년을 유지하려면 어떻게 해야 할까요?"라고 묻는다면 패밀리 오피스Family Office를 만들어 가문의 전통을 확립하고 재산을 유지하면서 사회에 공헌하라고 답하겠다. 미국과 유럽을 중심으로 가문의 가훈Mission Statement을 확립하고, 물질적 재산 소유권의 명시적 분배를 결정하는 존경받는 장기형 부자 가문을 지향하는 추세다. 미국의 핍스Phipps 가문이나 스웨덴의 발렌베리 가문은 모두 공동 부 창출에 초점을 맞추어 가문의 부와 개인의 부를 동일시한 확대 가족의 공동 철학을 가진 장수 집안이다. 이들은 가문을 정성스럽게 돕는 패밀리 오피스를 활용하여 오랫동안 그 명맥을 이어온 가족 협력의 좋은 본보기가 되고 있다. 전 세계에 약 8000개 정도가 있는 것으로 추산되는 패밀리 오피스는 가문의 재산을 자녀에게 원활하게 상속하고 유지·확대하는 지원 조직으로 많이 활용되고 있다. 그런데 국내에는 아직 이에 대한 사례가 별로 없어 지식도 없고, 법 체계도 정비되어 있지 않으니 능력껏 할 수 있는 정도로 하면 된다. 다시 강조하는 바는 정신이 물질보다 우선해야 한다는 개념을 가족 전원이 명심하고 창업주 이외에는 가족의 재산 규모를 잘 모르고 있는 편이 좋다는 것이다. 물질의 규모를 알면 어린 자녀들까지 탐욕을 가지게 되어 수십 년 동안의 가족 내 협력이 물거품이 되는 경우가 너무나 많기 때문이다.

둘째, 재산의 원천인 창업주의 죽음은 가족 내 갈등의 도화선이 된다. 사실 이것은 전 세계 가족 모두가 그렇다. 아버지가 돌아가시고 나면 부인과 큰아들이 경쟁하고, 엄마와 딸이 싸우는 일은 비일비재하다. 우리나라에도 엄마에게 대드는 친아들을 소송

한 경우가 많고, 프랑스에는 일흔 살이 넘은 엄마가 새로 생긴 애인에게 1조 원 이상을 주려고 한다고 소송을 건 딸도 있다. 미국에서는 아버지가 전 재산을 사회에 기부하려고 하자 큰아들은 러시아 총잡이를 고용해서 살해 시도에 나섰고, 큰딸은 어릴 때 생부가 자신을 성희롱했다며 거짓으로 고소한 일도 있었다.

그러니 창업주가 처음부터 가족들이 서로 욕심 부리기 힘든 구조를 만들어 놓으면 별 문제가 없다. 탈무드는 재산의 30% 정도를 이웃에게 줄 것을 권유했는데 이를 실제로 행동에 옮기는 숨은 부자들이 우리나라에도 꽤 있다. 회사를 운영할 때 뇌물을 달라는 연락이 오면 5만 원을 꺼내 주면서 영수증을 써 달라고 했다는 어느 창업주는 소득의 3분의 1은 가족에게, 3분의 1은 회사 임직원에게, 3분의 1은 사회에 바친다는 것을 대중에게 공개했다. 그 반면, 가족끼리 욕심을 부려 그나마 갖고 있던 재산마저 모두 잃어버리는 경우도 있다. 지금은 세상을 떠난 어느 검소한 부자는 생전에 근검절약하면서 수백억 원을 모으면서도 부인과 자녀들의 금전 요청을 모조리 거절했다. 그러자 "돌아가시면 뼈도 못 추릴 것"이라는 친자녀들의 폭언에 그 다음날 모 대학에 전액을 몽땅 기부했다고 한다. "전 재산 기부에 동의해 준 가족들에게 감사한다"는 부자의 말이 각종 언론을 통해서 세상에 알려졌으나 정작 그 행사장에 가족은 단 한 명도 참석하지 않았다.

셋째, 금전 사슬의 유혹에서 한시라도 빨리 벗어나야 한다. 돈이 보이면 굽실거리며 달려드는 수많은 사람들이 있다. 부자들이 가장 신뢰하는 사람은 자신이 부자가 되기 전부터 알고 있었던 사람이다. 재산이 늘어가는 것을 알게 되면 돈에 대한 욕심이 별로 없던 가족들도 더러운 탐심으로 불타오르게 된다. 이를 방지하는 가장 좋은 방법은 재산의 소유자가 물질을 숭배하지 않고, 물질은 자신이 하고 싶은 일을 할 수 있게 도와주는 도구라는 개념을 확고히 하면서 이를 가족에게도 직·간접적으로 알려 주는 것이다.

학교를 만들기 위해서 돈이 필요하다는 부자의 마음은 공명 함정(1장 참조)에서 벗어나 있어야 한다. 이름을 남기는 방편으로 가장 좋고, 상속세를 내지 않으면서도 재산을 자손에게 물려주기에 가장 적합하니 학교를 만들어야겠다는 부자의 헛된 욕심은 가족들이 금방 알아챈다. 편법 상속의 도구로 이용하는 재단 설립은 자녀들에게 앞장서서 기회주의 행동을 가르쳐 주는 것이나 마찬가지다. 교육이야말로 세상을 깨우치는 가장 좋은 방법이니, 그것으로 세상이 나를 부자로 만들어 준 것에 보답하겠다는 순수한 마음으로 살아가야 한다. 그러면 돈을 보고 달려드는 불나방들을 걸러 낼 수 있다.

전 세계 1100만 명의 부자들 중에서 존경받는 부자는 극소수이고, 사회적으로 대접받는 부자는 어느 정도 있으며, 나머지 부자

가문들 중 상당수는 경호원의 보호를 받으며 살고 있다. 대문을 활짝 열고 자도 아무런 문제가 없었던 역대 부자 가문들의 공통점은 "정신에 초점을 맞추고, 내 재산을 공익을 위해 사용하며, 사후 100년 뒤까지 널리 이름이 알려지기를 갈망한다"는 것이었다.

경제적 승리자이자, 사회적 선도자이고, 문화적 리더인 부자는 '부자 리더십Affluent Leadership'을 발휘해야 한다. 부자 리더십은 부자 철학, 정신 우위, 기업가 정신, 절약 생활, 사회봉사, 미래 국가 공헌을 포함한다. 구태여 모두 기부할 필요도 없다. 가족들이 최소한 적게 쓰고 남은 것을 세상이 원하는 방식으로 사용하면 된다. 장애우들이 과자를 만드는 사회적 기업의 운영자인 수녀를 항상 지원하면서도 이름을 남기지 않으려고 헌신하는 여성 부자의 이야기를 많은 사람들은 기억한다.

만족할 줄 모르고 뺏고 욕심 부리고 독식하려는 탐심들이 '1% 대 99%'라는 극단적인 문구를 유행어로 만들었다. 2008년에 있었던 광우병 시위가 성북동과 한남동의 부자를 타깃으로 하여 확대되지 않은 것은 그래도 아직까지는 우리나라에 부자에 대한 증오심이 적다는 의미다. 전 세계에서 가장 심한 빈부 격차를 보여 그 차이가 무려 50배에 달하는 브라질에서는 부자들이 무장 경호원 없이는 외출하지 못한다. 그에 비해 빈부 격차가 8~9배 정도 되는 우리나라는 양호한 편이라고 할 수 있지만, 심리적인 빈부 격차만큼은 세계 최고가 아닐까 생각한다. 사회적으로 부자를 증오하는 마음을 다스리고 갈등을 해결하는 가장 좋은 길은 물질에서 벗어나 부자 가문의 확고한 철학을 확립하고 절약을 생활화하는 것이다.

생전에 "외상 장부를 다 태워라" 했던 아버지의 엄명을 거역한 자녀들에게 숨을 거두기 직전까지도 장부를 모두 태우라고 호통쳤던 부자가 있었다. 할 수 없이 자녀들이 마당에서 수천 장의 외상 장부를 다 태우니 그것을 확인한 뒤에야 눈을 감았다고 한다. "아버지가 가시면서 노망을 부려 수십억 원을 날렸다"고 한 식구들에게 나는 "돌아가신 이후에 재산이 늘었고, 집안에 우환이 전혀 없는 것은 가신 분이 세상에 가면서 뿌린 자비심의 도움"이라고 지적해 주었다.

벤츠를 타고 감자탕 집에 가서 빈자와 대화를 하면 어느 정도 오해가 풀린다. 부자 가문의 집안 행사를 재래시장에서 하면 세상이 움직인다. 마을버스를 타고 서민들과 길거리 음식을 같이 먹으면 빈자의 마음이 요동칠 것이다.

부자33훈

새로운 날은 다시 찾아온다

무거운 가계 빚의 압박과 치솟는 물가에 새로운 소득 기반조차 보이지 않는 절망적인 나날이 계속되고 있다. 2000년대 초반에는 나도 부자가 될 수 있다고 외치던 국민들이, 2010년대에 들어서면서 사회가 부자가 되려는 것을 막는다며 비난의 목소리를 높이는 현실이다. 그러나 이런 우리에게도 희망은 있다. 빠르면 10~20년 이내에, 혹 늦으면 지금의 스마트폰 세대가 장년층이 되었을 때 우리는 다시 부자에 대한 꿈을 꿀 수 있을 것이다. 단, 그러기 위해서는 사회적으로 모두 함께 노력해야 한다.

첫째, 정신이 물질을 만든다는 정신우위설을 확고하게 믿어야 한다. 블루오션은 전부 실낱같은 새로운 틈새를 공략하는 정신의 포착에서 시작된다. 불교와 기독교의 초기 경전들을 읽고, 인간

지성이 압축된 책들을 끊임없이 접하면서 새로운 시각을 가져야 한다. 한 달 월급이 1000만 원도 안 된다고 불평하지 말고, 새로운 서비스의 경험 가치를 제공할 수 있는 틀을 만들면 금방 부자가 될 수 있다. 소득의 절반을 신용 대출 이자로 냈다고 투덜대는 시간에 스마트폰의 유용한 앱을 만들어내면 바로 떼돈을 벌 수 있다. 인류의 기록 역사와 구전 비사를 보더라도 선대 부자들은 거의 모두 정신적 결정체를 통해 지속적으로 부를 만들어 왔다.

둘째, 항상 헝그리 정신을 가지고 있어야 한다. 그저 주어지는 것만 받으면 발전하지 못한다. 전 세계 부자들 대부분이 3대를 못 넘기는 근원적인 이유가 그것이다. 헝그리 정신으로 무장한 선대에 비해서 후손들은 안락함만을 추구했기 때문이다. 우리나라 거부동에서 절약하며 생활했던 1세대 부자들에 비해서 자녀들은 유흥을 즐기며 품위 유지만 신경 쓰다가 쌓아 놓은 부를 날리는 경우가 부지기수다. 현재 부자든 아니든 항상 부족함을 느끼면서 살아가야 한다. 수백억 원이 넘는 집에 거주하는 빌 게이츠가 자녀들에게 일주일에 1달러의 용돈만 주면서 '결핍감을 느껴 보라'고 요구하는 것이나, 매출액이 1조 원을 넘는 그룹의 회장이 허름한 차림으로 손자들을 일반 음식점에 데려 가서 감자탕과 해장국을 먹이는 것도 '충족한 생활에서 벗어나는 훈련'을 시키는 것이다. 손수 머리칼을 잘라서 가발을 만들어 수출했던 50여 년 전의 헝그리 정신으로 돌아가야 밝은 미래를 꿈꿀 수 있을 것이다.

셋째, 비난의 초점을 타인이나 사회가 아니라 나 자신에게로 향해야 한다. 귀인 이론에 의하면 성취를 이룬 사람들은 잘 안 되는 원인을 자신에게로 돌리지만, 성취를 아직 못 이룬 사람들은 그 원인을 타인과 외부로 돌리는 경향이 강하다고 한다. 우리나라뿐만 아니라 전 세계적으로 탐욕스럽고 비윤리적인 부자들이 많다. 부자가 되는 과정은 악한 성향이 강하다. 그렇다고 하더라도 그들은 일단 부를 이룬 사람들이다. 아직 든든한 부동산을 마련하지 못했거나 금융 소득 종합 과세 대상이 아니라면 더 이상 부자를 비난하지 말자. 나에게도 어느 정도 원인이 있음을 생각하고 문제를 파악해서 고쳐 나가면 부자로 향하는 길이 보인다. 이웃집 부자가 보통 사람들이 3년에 걸쳐 한 일을 1년에 끝마치는 압축 전략을 사용했다면, 나는 그보다 힘든 것을 6개월에 해내겠다는 초인적인 각오를 가지고 임해야 한다. 혹시 못했다면 나의 잘못이므로 지금부터 생활 습관과 행동 양식을 바꾸겠다고 다짐해야 한다. 화장실에 가는 시간까지 아끼며 열 시간 이상을 손님만 찾아다닌 한 택시 기사는 마침내 소부동에 큰 저택을 살 수 있었다. 결혼하기 전에 남자친구에게 '결혼하면 밥을 하지 않겠다'고 단언한 후 결혼하여 책을 집필하고 외부 강의를 하는 데 모든 시간을 쏟으며 공을 들인 주부는 은행 PB의 최고 고객이 되었다.

고매한 스님 혹은 유명한 목사님의 금언들을 마음에 새기면서 정신력을 가다듬는다. 남들이 미처 가능성을 보지 못하고 반대해도 끝까지 추진하고, 자신의 시간과 생활을 스스로 통제하며 노력하면 부를 이룰 수 있다. 백억 원 대 재산을 가지고 수십억 원의 빚쟁이가 됐다가 재기한 어느 사장은 "다시 할 수 있다는 각오로 25시간씩 매일 노력하면 누구든 반드시 성공할 수 있다고 확신한다"는 말로 대중 강의를 마쳤다. 장년의 나이일지라도 확고한 의지만 있다면 갖고 있는 몇십만 원을 7년 안에 동그라미 열 자리 액수로 만들 수 있을 것이다.

정치 풍파에 휩쓸리지 말고, 정신을 나약하게 만드는 TV 개그에 빠지지 말고, 간단한 생존형 식사만 하며, 한겨울에도 얼음물에 들어가는 특수 부대 요원들 같은 정신력을 지닌 채 추진력을 발휘하면 성공할 수 있다. 통장에 있는 금액이 얼마든 상관없이 할 수 있다는 의지를 갖는 것이 중요하다.

언젠가는 이 세상을 떠날 우리들이지만 마지막 희망을 풍요로움으로 빛내 보자. 주위의 꿈을 이루지 못한 사람들에게 당신 재산의 10% 정도를 무기명으로 기부한다면 당신의 인생 성적표는 '명품'이다.

나오는 글

책임을 다하는 착한 부자를 희망한다

　세금을 많이 내면 애국자라고 한다. 그런데 부자는 보통 사람보다 훨씬 더 많은 세금을 내면서도 손가락질받는다. 또한 기부를 많이 하면 봉사자라고 한다. 그러나 부자는 보통 사람보다 훨씬 더 많이 기부하는데도 비난을 받는다. 단군 이래 끊임없이 발전에 발전을 거듭한 지금, 이렇듯 사회 전반에서 부자에 대한 증오는 거의 최고조에 이르렀다.

　내가 만든 개념 중 '부자 가치Affluent Value'란 부자가 세상에서 창출해 내는 가치를 의미한다. 부자가 만드는 기본적인 가치에는 창조적 발전과 세금 납부가 있고, 부차적인 가치에는 경험 공유와 기부 제공이 있다.

　우리나라가 단기간에 많은 부자를 양산해낼 수 있었던 것은 상상을 초월하는 기업가 정신이 있었기 때문이다. 그 결과 국가 세금의 상당 부분을 부자 기업들이 부담해 왔다. 그런데도 국민 대다수는 부자들이 지속적으로 탈세를 해 왔다고 생각한다. 법인 탈루는 힘들어졌지만, 부자 개개인은 아직도 세금을 안 내려고 지하 경제와 유착하여 현금을 해외로 빼돌린다고 믿는 것이다.

사회적으로 이런 인식이 만연해 있다면 차라리 부자들의 개인 소득세와 재산세를 지금의 두 배, 또는 그 이상으로 올리는 것이 나을 것이다. 차명과 비신고 소득을 합해 연간 소득 1억 원 이상인 사람이 50만 명도 넘는데, 이들의 소득세율을 60~70% 정도로 올리는 것이다. 명의 신탁된 부동산, 채권, 예금까지 포함해 30억 원 넘게 소유한 50만 명 이상의 재산세율 역시 두 배 이상 인상한다. 이에 덧붙여 금융 실명제 이전까지 포함해서 100조 원 이상인 지하 자금을 공개하면 과징금만 30~40% 추징하고 법적 처분은 하지 않도록 한다.

국내에서 연간 100억 원 이상의 이득을 남기는 기업이 600개 정도라고 한다. 주식의 가치가 계속 높아지는 가운데 우리나라 오너들의 주식 평가액은 천문학적으로 늘어가고 있다. 한편, 부자들의 탈세가 가장 심한 부분은 상속이다. 그런데 우리나라 상속세는 세계적으로도 높은 축에 속해 부자들은 이를 내지 않으려고 각종 악행을 일삼아 왔다. 이는 '재산을 늘려 후대에 물려주겠다'는 인간적인 욕망 때문이다. 이 욕망을 강제로 억눌러서는 부자 국가가 될 수 없다. 따라서 상장 주식 평가액이 1000억 원이 넘는 경우, 주식의 가치가 높아지는 것에 비례해 상속세를 깎아 주는 것이 바람직하다. 현재 상속세율의 절반, 혹은 그 이하인 10~20%로 낮춰 주면 매년 늘어나는 소득세와 재산세를 숨기려 하지는 않을 것이다. 동시에 더욱 기업 가치를 높이려고 혈안이 될 것이고, 떳떳하게 자식들에게 물려줄 수 있을 것이다.

법인세도 현재의 절반 이하인 10%대나 그 아래로 낮추면 인류 역사상 최초로 시가 총액 1000조 원을 달성하는 대한민국의 거대 기업이 탄생할 수 있을 것이다. 그러면 국내에 투자하는 외국인 기업도 무수히 많아질 것이다. 애플 본사가 한국으로 들어오는 상황이 생길 수도 있다. 혹은 매년 부자들에게 걷는 세금을 지금의 두 배 이상으로 늘리되, 부를 정당하게 키워 갈 경우 상속 부담을 절반 이하로 줄여 주는 방법도 있다. 이렇게 되면 부자들은 지속적으로 가치를 창출하면서 매년 재산의 상당수를 세금으로 내도 아랑곳하지 않을 것이다. 뿐만 아니라 이렇게 축적된 재원을 통해 수많은 사회 문제(무상 급식, 대학 등록금, 청년 실업, 최저 임금, 노년층 지원 등)가 단번에 해결될 수도 있으니 여러 모로 이득이 된다.

부자가 된 데에는 다 그만한 이유가 있다. 부자들은 부자가 되기까지 고생했던 경험을 빈자들과 공유하는 자세를 가져야 한다. 부자들이 숨겨 두었던 알토란 같은 부자 되는 노하우를 미래의 부자인 빈자와 공유하면, 서로에 대한 오해나 편견도 풀리고 빈자들은 희망을 얻을 것이다. "얼마나 돈이 많기에 수천억 원씩 기부하느냐?"는 비아냥거림이 아니라 "우리 전 구민이 낸 것보다 더 많이 내다니 훌륭하다"는 찬사가 나올 수 있도록 청렴한 부자들과 칭찬해 주는 빈자가 많아져야 한다.

  기부금은 주로 재단에서 사적인 용도로 사용하지만, 세금은 정부에서 공적인 용도로 쓰인다. 국가적 측면으로는 세금이 기부보다 훨씬 바람직하다. 거부들이 집 밖에 문패를 내걸 수 있고, 현충일에 빈자와 같이 국립묘지에 갈 수 있는 나라를 만드는 것은 우리가 어떻게 마음먹는가에 달려 있다. 조선의 거부였던 이회영 선생은 한일 합방 후 현재 돈으로 약 600억 원 정도 되는 전 재산을 팔아서 만주로 망명했다. 그리고 모든 돈을 독립군을 양성하는 데 바쳤다. 집 안에는 먹을 게 없어 굶으면서도 조국의 독립을 위해서 기꺼이 재산을 내놓은 것이다.

  인구나 국력에 비해서 부자가 많은 나라는 전 세계에서 크게 다섯 국가 정도가 있다. 싱가포르, 홍콩, 카타르, 사우디아라비아와 스위스 등인데, 여기에는 비교적 얌전한 부자들이 산다. 반면 기관단총으로 무장한 경호원을 데리고 헬리콥터로 외출하는 브라질의 부자들이나 경비행기에 기름을 잔뜩 넣고 언제든지 출발 준비를 해놓는 미국의 부자들은 유난스러운 편이다. 그리고 전 세계 부자들의 환락 역사를 보더라도 특히 외국에는 뱀에 애정을 느껴 몸을 맡기는 부자나 돈을 주면서 신분이 낮은 사람들을 칼로 찌르는 부자 등 각종 일탈과 범죄를 저지른 타락한 부자들이 많다. 이에 비하면 우리나라 부자는 비교적 얌전하고 순수한 편이다. 그러나 부자가 아닌 사람들의 시각에서는 악의적으로 보이는 경우가 많다.

우리나라 부자는 전통 부자와 신흥 부자가 있다. 전통 부자는 서울 한남동(거주자들의 보유 주식 평가액이 50조 원 이상인 곳)과 서울 성북동(재벌 직계와 방계의 숫자로 가장 많은 부자들이 사는 곳)에 많다. 한남동에는 겨울에 외부에서 들어오는 한기를 막아 주는 5억 원짜리 유리를 사용한 재벌 2세의 집이 있고, 지하에 수만 병의 와인을 저장해 놓은 재벌 3세가 살고 있다. 성북동에는 1년에 1억 원을 주고 정원사를 고용하여 사시사철 정돈된 정원을 자랑하는 재벌 직계가 살고 있다. 그러나 한남동과 성북동은 비교적 조용하다. 저녁 9시만 되어도 정적이 감돈다.

반면에 대한민국 200여 개의 시·군·구 중에서 신흥 부자가 가장 많이 사는 곳이 서울 강남구다. 대한민국 기업체들의 공식 접대비가 3조 원 정도라는데 그중 상당한 액수가 바로 이 강남에서 사용된다고 전문가들은 추정한다.

부의 향취뿐만 아니라 악취까지 물씬 풍기는 강남 부자들의 수준을 높이려면 윤리적 매개자들Ethical Agent이 필요하다. 윤리적 매개자란 '부자 윤리의 필요성을 인식시키고 타락한 부자들을 선행으로 인도하는 사람들'이란 뜻의 새로운 개념이다. 예를 들면, 인류의 기록 역사에서 악행을 일삼아 가장 많은 부를 쌓았던 부자는 종교 지도자를 만난 이후에 완전히 변해서 선행의 영웅으로 추앙받았다. 또한 칠레의 전 국토를 몽땅 사고도 남을 거대한 재력을 가진 어느 부자도 탐욕과 불법 행위들로 부를 쌓았으나 봉사단체 회장을 지냈던 어머니의 훈계로 생각을 바꾸어 봉사활동을 하고 있다.

강남은 어떤가? 1000원짜리를 본 적이 없다는 대학생이 살고, 핑크 다이아몬드를 남몰래 숨겨 놓고, 옥탑방을 독일제 신형 스파인 줄 아는 사람들이 사는 곳이 강남이다. 자신이 몰던 외제차의 타이어에 펑크가 나면 지자체를 상대로 소송을 제기하는 부자들이 있는 곳, 화려한 밤의 환락과 낮의 가식적인 봉사가 교차하는 부의 바벨탑을 쌓은 곳이다. 방 네 개짜리 아파트에 살면서 세금을 내지 않으면서 몰래 모은 수십억 원의 현찰이 담긴 돈 상자들을 쌓아 두었다가 돈이 썩어 가도 은행에 예금을 못하는 부자들이 있는 곳이다.

6억 원 이상인 아파트를 찾기 힘든 강북구에 사는 사람들보다 수십억 원짜리 아파트가 즐비한 강남구에 사는 부자들이 적십자 회비를 더 적게 낸다고 한다. 물론 수백 개의 장학 재단과 복지 재단들이 강남구 거주자들의 재력으로 만들어져서 좋은 일을 하고 있는 것은 사실이다. 알고 보면 숨은 부자들의 선행도 꽤 많다. "조그만 교회에 다니면서 제 이름을 내고 싶지 않은데. 어떻게 아셨나요?" 하는 여전도회 사람이나 사찰의 신도회를 리드하면서 따뜻한 선행을 한다는 이름 모를 공헌자들도 있다.

강원도 땅을 몽땅 사고도 남을 집합 재력을 가진 강남인들이 대한민국의 훌륭한 부자가 되려면 두 종류의 윤리적 매개자들의 노력이 필요하다.

첫째는 대한민국 최고 수준의 사찰과 교회가 있는 강남의 종교성이 현재보다 적어도 서너 배 이상 그 숭고함을 발휘해야 한다. 부처님과 예수님 말씀에 의지하려면 손꼽히는 종교 지도자들이 많아져야 한다. 자기 탐욕을 완전히 재로 만든 고귀한 종교 지도자들이 강남의 정신을 바꾸어야 한다. 부의 전범을 보여 주었던 부처님과 예수님의 초기 경전을 항상 가슴에 새겨 두어야 한다.

둘째는 자기 수련을 통해서 스스로 변해가는 부자들이 늘어나야 한다. 수십만 명의 강남구민들 중에서 종교성과 윤리성을 겸비한 윤리적 매개자들이 수천 명으로 늘어 간다면, 앞으로 우리 사회에서 '반反부자 정서'라는 단어가 사라질 수도 있을 것이다. '널리 인간을 이롭게 하라'는 단군의 홍익인간 정신이 아직도 강남에 남아 있다는 뜻있는 부자들의 말이 사실이기를 바란다.

KI신서 4140

부자33훈

1판 1쇄 인쇄 2012년 8월 17일
1판 1쇄 발행 2012년 8월 23일

지은이 한동철
펴낸이 김영곤　**펴낸곳** (주)북이십일 21세기북스
부사장 임병주
MC기획1실장 김성수　**BC기획팀** 심지혜 장보라 양은녕
출판개발실장 주명석　**책임편집** 조혜정　**디자인 표지** 윤정아 **본문** 네오북
마케팅영업본부장 최창규　**마케팅** 김현섭 강서영　**영업** 이경희 정병철
출판등록 2000년 5월 6일 제10-1965호
주소 (우413-120) 경기도 파주시 회동길 201(문발동)
대표전화 031-955-2100　**팩스** 031-955-2151　**이메일** book21@book21.co.kr
홈페이지 www.book21.com
21세기북스 트위터 @21cbook　**블로그** b.book21.com

ⓒ한동철, 2012

ISBN 978-89-509-3897-0　13320
책값은 뒤표지에 있습니다.

이 책 내용의 일부 또는 전부를 재사용하려면 반드시 (주)북이십일의 동의를 얻어야 합니다.
잘못 만들어진 책은 구입하신 서점에서 교환해 드립니다.